●세계 선교를 위한 자비량 선교의 실제적인 지침서

텐트 메이커
TENT MAKER

| 크리스티 윌슨 지음. 김만풍 옮김 |

순 출 판 사
C.C.C./한국대학생선교회

텐트 메이커

세계 선교를 위한 자비량 선교의 실제적인 지침서

크리스티 윌슨 지음 · 김만풍 옮김

감사의 말

변함없는 사랑으로 늘 곁에서 내조해 준
나의 사랑하는 아내 베티와
온갖 도움과 격려를 아끼지 않은 짐, 마가렛 쿤디 부부와
카불 커뮤니티 교회의 모든 직원들,
그리고 성실하게 비서의 일을 맡아 준 홀리 그니닝 양에게
깊은 감사의 뜻을 표한다.
또한 이 책을 집필할 수 있도록 반 년의 안식년 휴가를 허락해 준
고든 콘웰 신학교 이사들과 직원들,
그리고 켄과 마가렛 테일러 부부, 웬덴 홀리, 버지니아 무이어, 켄 피터슨,
그리고 틴델 하우스 출판사의 여러분에게도 감사의 뜻을 표한다.

TODAY'S TENTMAKERS

by J. Christy Wilson, Jr.
Published by Tyndale House Publishers, Inc.

Copyright 1979 by J. Christy Wilson, Jr.
All rights reserved.

Translated by Man-Poong Kim
1989/ Korean by Soon Publishing House
Seoul, Korea.

Translated and Published by Permission
Printed in Korea.

친히 목수로서 본을 보여주신
주 예수 그리스도와
오늘날 세계 곳곳에서 주님을 섬기고 있는
모든 텐트메이커들 앞에 이 책을 바칩니다.

‖ 순서 ‖

1. 흥분이 감도는 첫 출발   8

2. 전례없는 기회   12

3. 성경이 인정하는 방법   22

4. 자비량 선교의 역사   34

5. 비기독교인들에 의한 자비량 선교   52

6. 성령이 내게 명하사… 가라   56

7. 마르코 폴로, 그대를 따라서   62

8. 심히 아름다운 땅   66

9. 그가 우리를 인도하여 들이시리라   74

10. 현대의 자비량 선교사들   80

11. 당연히 해야 할 자비량 선교   88

12. 학생 자비량 선교사들   102

13. 그리스도를 위한 투자   110

14. 자비량선교에 있어서 선교회의 중요한 위치   120

15. 준비와 예비 교육   146

16. 해외 생활   156

17. 영어를 사용하는 해외의 교회   168

18. 해외 체류 중에 복음을 전하라   178

19. 제 3세계의 자비량 선교사들   188

20. 열 두 가지 유형의 자비량 선교사   198

21. 미래의 정책   206

참고 서적   214

‖ 지은이의 말 ‖

이 책을 지은 목적은 하나님과 그의 나라를 위하여 세계 곳곳에서 자비량 선교를 할 텐트메이커에게 정보를 제공하고, 격려와 도전을 주는 데 있다. 또한 교회의 평신도들이 해외에 나가 일하는 동안, 현지에서 그리스도의 사신으로서 일할 수 있는 새로운 기회가 있다는 것을 알리는 데도 그 목적이 있다.

성경에서는 사도행전에 나오는 대로, 초대 교회가 생각하기도 전에 이방인들에게 믿음의 문을 열어 주셨다. 마찬가지로 오늘날에도 많은 사람들이 아직 무슨 일이 일어날지 잘 모르고 있으나, 지상명령 성취의 꿈을 안은 기독교 자비 선교사들이 세계 도처에 흩어져 있다. 선교의 문이 점점 더 열리고 있는 수많은 회교 국가들을 바라보면서, 오늘날 우리는 성령께서 교회에게 하시는 말씀에 귀를 기울여야 할 것이다.

이 책은 또한 예수 그리스도의 복음이 우리 시대의 모든 사람들에게 전파되도록 하기 위해서는 모든 크리스천들이 일반 전임 선교사들을 위해서 기도할 뿐만 아니라, 자비 선교사들을 위해서도 기도와 지원, 격려를 아끼지 않아야 한다는 사실을 일깨워 주고 있다.

평신도들이 세계 선교의 중요성을 깨닫고 자비 선교에 모두 동참할 때,

우리는 주님께서 우리에게 가르치셨던 "나라이 임하옵시며 뜻이 하늘에서 이룬 것같이 땅에서도 이루어지이다."라는 기도를 성취할 수 있을 것이다.

크리스티 윌슨

1. 흥분이 감도는 첫 출발

> 우리 가운데서 역사하시는 능력대로 우리의 온갖 구하는 것이나
> 생각하는 것에 더 넘치도록 능히 하실 이에게…
> 에베소서 3 : 20

마음속에는 자못 흥분이 일고 있었다. 1947년 어느 날 랄프 윈터가 시카고에 있는 기독학생회 본부 사무실로 걸어 들어오고 있었다. 데이빗 하워드와 짐 엘리엇과 그밖의 몇몇 사람들이 나중에 '얼바나'(Urbana)로 알려진 학생 선교 대회에 다녀온 직후의 일이었다. 대회는 캐나다의 토론토 대학교에서 최초로 열렸는데, 그 첫 주제는 '그리스도의 지상명령 완수'였다. 헤럴드 아켕게이 박사와 브라더 바크트 싱, 새뮤얼 제머 박사가 거기 참석한 모든 사람들을 향해 '복음을 들어 보지 못한 사람들에게 가서 복음을 전하자'고 도전했다.

지금도 그렇지만, 아프가니스탄은 그 당시에 복음의 문이 굳게 닫혀져 있던 대표적인 나라 중 하나였다. 수많은 선교사들이 안으로 들어가지 못하고 국경에서 일하며 문이 열리기 위해서 기도해 온 것이 어언 100년에 이르

고 있었다. 그럼에도 불구하고 아프가니스탄 안으로 들어가서 선교하는 일은 계속 허락되지 않고 있었다.

면적으로 보면 프랑스보다도 더 큰 나라였으나, 전혀 복음이 전파되지 않아서 아프가니스탄 민족 중에는 크리스천이 한 명도 없었다. 그런데 어떻게 알았는지 어떤 학생 하나가, 뉴욕에 있는 컬럼비아 사범대학 게시판에 '아프가니스탄에서 교사를 모집한다'는 광고를 붙여놓았다. 랄프 윈터는 시카고 사무실에서 이 일을 놓고 우리와 함께 기도하면서, 미국과 캐나다에 살고 있는 자격이 있는 크리스천 교사들에게 이 기회를 알려서 지원서를 제출할 수 있도록 최선의 방법을 찾기 시작했다.

구체적으로 알아보니, 아프가니스탄 정부는 자격 있는 교사들에게 소액의 봉급과 교통비를 지급할 것을 제의했다. 그 나라에 선교사의 입국은 허락되지 않았을지라도 '텐트메이커들'의 입국은 허락된 것이었다. 〈히스〉(HIS) 지의 편집자인 캔 테일러는 특집 기사와 함께 표지에다 낙타를 탄 한 무리의 대상들이 아프가니스탄에 들어가고 있는 그림을 실어 이 기회를 크게 부각시키는 특집호를 내겠다고 전해 왔다.

당시 총무였던 스테이시는 이러한 정보를 알리는 일을 북미 전역의 일반 대학과 기독교 대학, 성경학교와 신학교에 있는 해외 선교 학생단체에게 위임했다. 저자는 당시 선교부장을 담당하고 있었기 때문에 이 일의 일부를 맡게 되었다.

필라델피아의 마가렛 헤인즈 양은 아프가니스탄 국경에서 선교사로 일한 적이 있다. 건강 문제로 귀국한 후 헤인즈 선교사는 '아프가니스탄 국경 선교'라는 제목의 기도 편지를 편집하여 배부하고 있었다. 기독학생회 위원이기도 했던 그녀도 역시 토론토 학생선교대회에 참석했다. 그녀는 우리와 함께 아프가니스탄 선교에 관심 있는 사람에게 교사의 자격으로 아프가니스탄에 들어갈 수 있다는 상세한 정보를 제공하자는 데 의견을 같이했다.

이렇게 해서 하나님의 섭리 가운데 '텐트메이커'로 아프가니스탄에 들어갈 크리스천 교사팀을 모집할 계획이 세워졌다. 그 날 우리는 '폐쇄된 나라 아프가니스탄에 들어가 예수 그리스도의 복음을 전할 도구로 삼으시기 위해 우리를 부르고 계실지도 모른다'는 생각에 무어라 형언하기 어려운 흥분에 사로잡혔다. 우리 주님은 "이 천국의 복음이 모든 민족에게 증거되기 위하여 온 세상에 전파되리니 그제야 끝이 오리라."고 약속하지 않으셨던가!

그러나 이 일이 나중에 하나의 전혀 새로운 선교 모델로 발전하게 될 줄은 미처 생각하지 못하고 있었다.

2. 전례없는 기회

> 기록된 바 하나님이 자기를 사랑하는 자들을 위하여 예비하신 모든 것은
> 눈으로 보지 못하고 귀로도 듣지 못하고 사람의 마음으로도 생각지 못하였다 함과 같으니라
> 오직 하나님의 성령으로 이것을 우리에게 보이셨으니
> 성령은 모든 것 곧 하나님의 깊은 것이라도 통달하시느니라
>
> 고린도전서 2 : 9~10

아프가니스탄의 선교 계획을 추진하던 사람들은 하나님께서 이 일을 통해 세계 도처에서 폐쇄된 나라들에게 복음을 전할 수 있는 자비량 전도(self-supporting witnesses)의 방법을 계획하고 계신 사실을 전혀 깨닫지 못하고 있었다. 누구든지 크리스천으로서 누릴 수 있는 가장 큰 특권은 국내외에서 그리스도의 지상명령을 완수하는 일에 참여하는 것이다. 자비량 전도는 수많은 사람들에게 이 기회를 제공해 준다.

세계복음주의협회(The World Evangelical Fellowship) 총무였던 월드론 스콧 박사는 자비량 선교(Tentmaking service)에 대해 이렇게 이야기한다. "저는 이것이 하나님의 성령께서 선교 사업의 현장에 보여 주실 거대하

고도 창조적인 운동이라는 것을 깨닫고 있습니다…. 우리는 지금 그 규모에 있어서 오늘날 세계 전체에서 일어나고 있는 어떤 선교 운동보다도 큰 사업 계획을 말하고 있습니다. 아니, 그보다 규모가 훨씬 더 클 수도 있습니다."

트리니티신학교의 케인 박사는 "오늘날 해외 여행을 하거나 해외에 거주하는 미국 시민들이 수백 만 명에 달합니다. 이들 중에 헌신적인 크리스천들이 모두 훈련을 받고 예수 그리스도의 산 증인이 되어 효과적으로 일하기만 한다면, 선교 운동에 또 하나의 새로운 장을 열 수 있을 것입니다. 여기서 기대할 수 있는 영적 잠재력은 엄청납니다."라고 말했다. 그는 또 "확실하게 이것은 미래의 물결입니다." 라고 강조했다.

이미 주님 품에 간 캐넌 맥스는 "내 생각엔 기존의 선교 운동과 함께 병행해 나갈 하나의 새로운 형태의 선교 활동이 개발될 필요가 있다고 본다… 그것은 남자든 여자든… 일반 봉급을 받는 직원으로 나가서… 크리스천의 통찰력을 가지고 일을 하는 것이다. 이 일을 추진하는 것과 그에 따른 재정적인 보상은 전적으로 각자의 소명에 달려 있다."고 했다.

그러면 자비량으로 헌신한 사람의 소명이 우리가 아는 전통적인 선교사의 소명과 어떻게 다를까? 롤런드 앨런 선교사는 이들을 "예수 그리스도의 신비한 생명을 사람들에게 전하기 위해서 하나님의 부르심을 입은 사람"으로 정의했다.

선교사－보내심을 받은 자

라틴어 동사 '미토' (mitto, 보내다)라는 말에서 온 '선교사' 라는 단어는 '보내심을 받은 자' 를 뜻한다. 이와 유사한 헬라어는 '아포스텔로스' 로서 역시 '보내심을 받은 자' 를 뜻한다. 여기서 우리가 잘 알고 있는 영어의

'Apostle'(사도)이 유래되었다. 이와 같이 선교사란 예수 그리스도에 의해 보내심을 받은 사람이다. 예수님은 그의 지상명령에서 이 개념을 말씀하셨다. "아버지께서 나를 보내신 것같이 나도 너희를 보내노라"(요 20:21).

이 지상명령 배후에 숨어 있는 진리는 무엇일까? 예수께서는 "죄 사함을 얻게 하는 회개가 예루살렘으로부터 시작하여 모든 족속에게 전파될 것이 기록되었으니"(눅 24:47)라는 말씀을 하실 때, 그 대답을 하셨다. 또한 주님께서는 "너희는 온 천하에 다니며 만민에게 복음을 전파하라."(막 16:15)고 명하셨다. 그렇다면 보내심을 받은 자들이 전파해야 할 이 메시지는 무엇이겠는가? 사도 바울은 그 메시지를 이렇게 요약하고 있다.

"형제들아 내가 너희에게 전한 복음을 너희로 알게 하노니… 성경대로 그리스도께서 우리 죄를 위하여 죽으시고 장사지낸 바 되었다가 성경대로 사흘 만에 다시 살아나사"(고전 15 : 1~4).

진정한 의미에서 모든 크리스천은 "하나님이 세상을 이처럼 사랑하사 독생자를 주셨으니 이는 저를 믿는 자마다 멸망치 않고 영생을 얻게 하려 하심이니라."(요 3;16) 고 하셨던 놀라운 메시지를 가지고 믿지 않는 사람들에게 복음을 전하는 신자를 말한다. 모든 크리스천들은 시편 기자가 "여호와께 구속함을 받은 자는 이같이 말할지어다."라고 권면한 대로 그리스도의 증인이라는 의미에서 '보내심을 받은 자', 혹은 '사도'라고 할 수 있다. 특별히 자기 문화를 뛰어넘어 다른 문화권에 가서 복음을 전하는 사람을 가리키는 '선교사'라는 낱말에는 또한 전문화된 특수한 뜻이 담겨져 있다.

우리 주님께서는 제자들에게 "오직 성령이 너희에게 임하시면 너희가 권능을 받고 예루살렘과 온 유대와 사마리아와 땅 끝까지 이르러 내 증인이 되리라."(행 1:8)고 하셨다. 제자들은 사마리아와 땅 끝까지 이르러 그리스도의 증인이 되기 위해서 문화를 뛰어넘어야만 했다. 왜냐 하면 전도 대상 지역에 살았던 사람들은 관습이 다르고, 사고 방식과 언어가 서로 달랐기 때문이다. 그러므로 전문적인 의미에서 '선교사'는 문화권이 다른 지역의 사람들에게 가서 복음을 전하기 위해 보내심을 받은 사람을 가리킨다.

우리 주님의 지상명령은 우리가 모든 족속, 혹은 모든 민족으로 제자를 삼아야 할 것을 가르치고 있다. 그러므로 이 일은 문화를 뛰어넘은 복음 전파의 사역을 전제로 한다. 성령께서는 오순절 제자들에게 초자연적인 능력을 주셔서, 언어가 서로 다른 지역에서 모였던 수많은 사람들에게 복음을 전하게 하실 때, 이 점을 더욱 강조하셨다.

성경은 문화를 뛰어넘는 복음 전파에 두 가지 형태가 있다고 말씀하고 있다. 하나는 교회의 전적인 후원을 받아서 복음을 전파하는 것으로 사도 베드로가 이러한 형태의 사역을 했다. 다른 하나는 사도 바울처럼 손수 텐트를 만들어 자신의 선교비를 벌어 가며 복음을 전하는 경우를 말한다. 오늘날에도 문화를 뛰어넘는 그리스도의 증인들, 혹은 선교사들이 이 두 가지 범주로 나뉘어 선교 활동을 펼치고 있다. 어떤 이들은 동료 크리스천들의 선교 헌금으로 후원을 받아 일하고 있고, 또 어떤 이들은 다양한 직업을 통해서 자비로 선교하고 있다.

텐트메이커의 정의

그 동안 '텐트메이커'의 정의를 내리고 그 특성을 설명할 때 여러 가지 서로 다른 용어들이 사용되어 왔다. 이 개념이 아직 익숙치 않기 때문에 우리의 어휘에서 그 정확한 뜻을 표현해 주는 용어를 찾아내는 데 많은 어려움이 있었다. 어떤 이들은 '비직업적인 선교사들'(non-professional missionaries)을 지칭하는 것으로 보았다. 아더 글래서와 에릭 화이프는 이 용어에 문제점이 있다고 지적했다. 이 말은 한편으로 '직업인' 으로서 정규적인 선교사를 의미한다. 그런데 이 용어는 직업이란 하나의 신성한 소명이라기보다 세속적인 형태의 돈벌이에 불과하다는 생각을 들게 할 수 있다. 더 나아가 '비직업적인 선교사'라는 용어가 '텐트메이커'에 적용될 때 오해를 낳게 된다. 텐트메이커들은 대개 어떤 직업에 종사하는 사람들이기 때문이다.

텐트메이커에 대해서 사용되어 온 또 하나의 표현은 '평신도 사도'(the lay apostolate)이다. 이 용어는 목사들과 마찬가지로, 평신도들도 '그리스도의 보내심을 받은 증인이 되어야 한다'는 진리를 밝혀 주는 장점이 있다. 그러나 다른 한편으로 전적인 지원을 받아 일하는 선교사들 가운데 많은 사람들이 교육과 의료, 농업과 구제, 그밖의 분야에 종사하는 평신도들이라는 사실을 감안하면, 이 용어에 대해서도 역시 문제점이 제기된다. 그들도 역시 '평신도 사도'라고 할 수 있다. 그러므로 이 표현을 '텐트메이커'에게만 적용할 수 없다.

이 개념에 대해 적용해 볼 만한 것으로 추천되어 온 또 다른 용어는 '평신도 목회자'(lay pastor)이다. 이 표현은 정식 목사로서 안수 받지는 않았으나, 예배 시간에 도움을 주는 사람으로서 많은 사람이 익히 알고 있는 '평신도 성경 봉독자'의 개념에 가깝다. 그러나 이 용어는 많은 텐트메이커들이 일반 목회자들처럼 예배에 관여하고 있지는 않다는 사실에서 그 한계점을 지니고 있다.

텐트메이커를 설명하는 데 사용되어 온 또 다른 표현은 '자비 증인' (self-supporting witness)이다. 이 용어는 좀 부담스럽기는 하지만, 이러한 테두리 안에 들어가는 사람이 자기 스스로 돈을 벌어 생활을 하는 동시에 예수 그리스도의 복음을 전한다는 사실을 잘 지적해 주고 있다. '자비 증인' 이라는 표현은 문화가 서로 다른 소수 민족에게 복음을 전하는 것을 포함할 수 있으나, 그 의미는 더 넓어서 자기 자신의 가족에게 복음을 전하는 것까지 모든 형태의 전도를 포함하고 있다. 그러므로 이것은 본국이나 해외에 있는 모든 크리스천들을 가리킬 수 있다.

우리가 여기서 말하고자 하는 참된 의미를 전달해 주는 표현은 '문화를 뛰어넘는 자비 증인' (self-supporting cross cultural witness)이 될 것이다. 그러나 이 용어 역시 범위가 너무 커서 다루기가 힘들다. 이제까지 사용되어 온 또 하나의 용어는 '자비 선교사' (self-supporting missionary)이다. 이 용어는 그 개념의 중요한 뜻을 아주 잘 전달해 주고 있다.

'선교사' 라는 용어에 따르는 한 가지 문제는, 이 용어가 세계의 여러 지역에 따라 혼합주의적이고 보편주의적인 견해를 가진 사람들에 의해 잘못된 개념을 포함하고 있는, 낙인찍힌 낱말로 쓰이고 있다는 사실이다. 교회 성장학의 권위자로 불리는 도널드 맥개브런 박사는 "비록 잘못된 개념을 포함하고 있다 할지라도 '선교사' 라는 용어가 그 본래의 영예로운 위치에 회복되어야 한다."고 믿고 있다. 이 개념을 표현하기 위해서 사용되어 온 또 다른 용어는 '평신도 선교사' (lay missionary)이다. 그러나 이 용어도 야수를 받지는 않았지만, 선교비 전액을 지원받아 일하는 평신도 선교사들을 가리킬 수 있다. 허버트 케인 교수는 또한 '그리스도의 무임소대사들', 혹은 직분을 받지 않은 '그리스도의 사신들' (ambassadors for Christ without portfolio)이라는 표현을 내놓기로 했다. 하지만 이 표현 역시 설명을 필요로 한다. 이제까지 제안된 명칭들 가운데 또 하나를 들어본다면 '비공식적인 선교사들' (unofficial missionaries)이 있다. 그러나 과민한 정치 상황에서 이 명칭은 어떤 비밀 작전을 암시하는 것으로 해석될 수 있다.

결국 앞에서 언급했던 개념을 잘 묘사해 주는 용어가 바로 '텐트메이커' (tentmaker)이다. 텐트를 만드는 직업을 통해서 스스로 돈을 벌어 선교했던 사도 바울은 이제까지 살았던 선교사들 중에 가장 위대한 선교사였다. 사도행전 18장 1절에서 5절까지 이런 말씀을 볼 수 있다.

"바울이… 고린도에 이르러 아굴라라 하는 본도에서 난 유대인 하나를 만나니… 그가 그 아내 브리스길라와 함께 이달리야로부터 새로 온 지라 바울이 그들에게 가매 업이 같으므로 함께 거하여 일을 하니 그 업은 장막(텐트)을 만드는 것이더라 안식일마다 바울이 회당에서 강론하고 유대인과 헬라인을 권면하니라… 바울이 하나님의 말씀에 붙잡혀 유대인들에게 예수는 그리스도라 밝히 증거하니…."

그러나 이 텐트메이커(장막 만드는 자, 천막 제조업자)가 성경적인 표현이기는 하지만, 성경을 잘 모르거나 이 낱말을 문자 그대로 받아들여 실제로 천막 제조업에 종사하는 직업인을 가리키는 것으로 이해하기 때문에 많은 크리스천들이 그 의미를 올바로 깨닫지 못하고 있다. 이 개념을 바로 사용하고 좀 더 일반화시킨다면 아마도 더 많은 사람들이 그 의미를 바로 파악해서 쉽게 받아들이게 될 것이다.

허버트 케인 교수는 그러한 텐트메이커를 '해외에 나가서 일을 하되 그

직업을 통한 부르심을 가지고 예수 그리스도의 증인이 되어 헌신적으로 활동하는 크리스천'으로 정의하고 있다. 한편 앤드루 다이먼드는 "텐트메이커란 활동적인 면에 있어서는 엄연히 선교사지만, 생활면에 있어서 완전히 자비 부담을 하는 크리스천이다."라고 정의했다. 여러 해 동안 일본에서 선교사로 일해 온 밴베크 박사는 그의 글에서 이렇게 말하고 있다. "무슨 이유로든 일단 해외에 나가는 크리스천은 예수 그리스도의 사신(혹은 대사)이 될 가능성을 가진 사람이 된다." 또한 테드 와드 박사는 텐트메이커를 '생산적인 해외 취업 기간 중에 그리스도를 증거하는 사람'으로 정의하고 있다.

하나님께서 세계 도처에 흩어진 유대인 나그네들을 사용하여 그의 증인이 되게 하셨듯이, 오늘날에도 모든 나라에 흩어져 살면서 예수 그리스도의 복음을 전할 수 있는 위치에 처해 있는 크리스천들이 많이 있다. 이것은 성경의 예언이 성취된, 하나의 흥미있는 예가 아닐 수 없다.

"지혜 있는 자는 궁창의 빛과 같이 빛날 것이요 많은 사람을 옳은 데로 돌아오게 한 자는 별과 같이 영원토록 비취리라 다니엘아 마지막 때까지 이 말을 간수하고 이 글을 봉함하라 많은 사람이 빨리 왕래하며 지식이 더하리라"(단 12:3~4).

우리는 또한 제자들에게 "너희는 세상의 빛이요, 세상의 소금이라."하신 주님의 말씀을 새로운 각도에서 생각해 볼 수 있다. 또 스티븐 네일이 말한 바와 같이 전세계에 기독교가 보편적으로 전파된 것이 사실이다. "20세기에 들어와서 논란의 여지가 없는 명백한 현상 하나가 나타났다. 그것은 처음으로 세계에 하나의 보편적인 종교가 존재하게 되었고, 그 기독교… 오직 기독교만이 모든 대륙에 정착하게 되었다는 사실이다."

사실상 남극 대륙에서도 일반 과학자의 위치에서 일을 하면서 자비로 복음을 전하는 크리스천들이 있는 만큼, 현대의 텐트메이커들은 전세계 7개 대륙에서 세상의 빛이 될 수 있다.

오늘날에는 전세계에 크리스천들만 흩어져 있는 것이 아니라 서로 왕래하는 속도도 엄청나게 빨라졌다. 저자의 부모가 1919년에 이란으로 선교하러 갈 때만 해도 편도 여행에 3개월이나 걸렸다. 오늘날 초음속 여객기를 이용하면 불과 수 시간 만에 갈 수 있는 거리로 단축되었다. 이와 같이 우리가 이제 거리가 좁혀진 하나의 지구촌에 살고 있다는 사실은 전세계 복음화를 위한 엄청난 희망을 던져 준다.

그렇다면 이제 남은 일은 무엇인가? 오늘날 전세계 사람의 3분의 2는 아직도 예수 그리스도의 복음을, 그들이 이해할 수 있는 방법으로 듣지 못하고 있다. 엄청난 숫자로 추산되고 있는 이들에게 복음을 전하려면 전적으로 지원을 받아 일하는 선교사뿐만 아니라, 자비로 일할 수 있는 선교사도 동참해서 그리스도의 지상명령을 수행해야 할 것이다. 제임스 케네디 박사는 말하기를 "평신도야말로 세계 복음화에 있어서 가장 전략적으로 중요하면서도 가장 사용되고 있지 않은 열쇠"라고 표현했다.

로잔 협약(The Lausanne Covenant)이 그리스도의 지상명령에 관해 진술하고 있듯이, 이 일은 하나님께서 '전 교회가, 전 복음을, 전세계에 들고 나아가 전할 것'을 요구하고 계시다.

3. 성경이 인정하는 방법

그 업은 장막(텐트)을 만드는 것이더라

사도행전 18 : 3

이제까지 살았던 자비 선교사들 중에 사도 바울 다음으로 위대한 사람은 아마도 윌리엄 캐리(William Carey)일 것이다. 그리스도의 지상명령이 모든 크리스천에게 적용된다는 것을 분명히 제시했다.

1792년에 출간된 「이교도들의 개종을 위한 크리스천 의무에 관한 연구」(Into the Obligations of Christians to Use Means for the Conversion of the Heathen)에서, 윌리엄 캐리는 '모든 족속으로 제자를 삼으라' 는 그리스도의 명령이 사도들에게만 국한된 것이 아니라는 것을 명확하게 제시하고 있다.

윌리엄 캐리 시대에도 많은 사람들은 이와 상반된 견해를 갖고 있었고, 따라서 그리스도의 지상명령이 자기들에게는 해당되지 않는 것으로 생각하고 있었다. 캐리는 그의 책에서 '모든 족속으로 제자를 삼으라' 는 마태복음

28장 19절의 명령이 '세례를 주라'는 명령과 나란히 기록되어 있다는 점을 지적하고 있다. 그러므로 만약에 '모든 족속으로 제자를 삼으라'는 우리 주님의 명령이 실제로 그 명령을 직접 들은 제자들에게만 적용된다면, 그 다음 세대의 크리스천들은 세례를 줄 권한도 없다고 진술하고 있다. 하지만 결론적으로 "모든 족속으로 제자를 삼아 가르치라는 그리스도의 명령이 사도들에게만 적용되는 것이라면, 이 일에 주님이 항상 함께하시겠다는 약속도 사도들에게만 적용되어야 한다. 그러나 '볼지어다 내가 세상 끝날까지 너희와 항상 함께 있으리라' 하신 주님의 이 말씀은 앞서 설정했던 가정이 명백한 오류임을 지적하고 있다. 그렇기 때문에 우리 주님께서는 전적으로 지원을 받은 선교사이든, 아니면 자비 선교사이든간에 모든 크리스천에게 지상명령을 주신 것이다."라고 강조했다.

여러 대학과 신학교를 설립했던 고든 박사는 종종 그리스도의 명령을 논리적으로 설명했다. 그는 "주님의 명령을 수행하는 것이 온 세계를 그리스도 앞으로 인도하는 문제라기보다 그리스도를 온 세계에 전하는 문제다."고 언급했다.

우리 주님께서는 친히 "너희는 온 천하에 다니며 만민에게 복음을 전파하라 믿고 세례를 받는 사람은 구원을 얻을 것이요 믿지 않는 사람은 정죄를 받으리라."(막 16:15~16)고 말씀하셨다. 쉽게 말하자면, 모든 사람이 다 믿을 것은 아니라는 의미를 내포하고 있다.

윌리엄 캐리는 더 나아가 '지구상에 사람이 사는 모든 나라에 가서, 예외나 제한이 없이 모든 주민들에게 복음을 전하는 것'이 우리의 의무라고 말하고 있다. 그는 이사야 60장의 본문이 세계 복음화에 상업이 이용될 것을 지적하고 있다고 말한다. "이 장 전체의 본문은 의심의 여지 없이 말세에 교회가 영광스럽게 번창할 때 상업이 복음 전파를 돕게 되리라는 예언이다."

그가 언급하고 있는 본문의 일부를 보면 이렇다.

"일어나라 빛을 발하라 이는 네 빛이 이르렀고 여호와의 영광이 네 위에 임하였음이니라… 열방은 네 빛으로, 열왕은 네 비취는 광명으로 나아오리라… 저 구름같이, 비둘기가 그 보금자리로 날아오는 것같이 날아오는 자들이 누구뇨 섬들이 나를 앙망하고 다시스의 배들이 먼저 이르되 원방에서 네 자손과 그 은금을 아울러 싣고 와서 네 하나님 여호와의 이름에 드리려 하며 이스라엘의 거룩한 자에게 드리려 하는 자들이라"(사 60:1~9).

구약성경의 많은 남녀들은 자비량으로 선교했다. 인간이 타락하기 전에 벌써 하나님께서는 아담에게 일을 맡기셨다. "여호와 하나님이 그 사람을 이끌어 에덴동산에 두사 그것을 다스리며 지키게 하시고"(창 2:15). 이와 같이 아담은 에덴동산을 가꾸고 다스리는 자요, 아벨은 양을 치는 자요, 아브라함은 가축을 기르는 자요, 야곱은 양떼를 돌보는 자요, 라헬도 양을 지키는 자요, 요셉은 총리 대신이요, 미리암은 아이 보는 자요, 모세 역시 양을 돌보는 자요, 브사렐은 숙련공이요, 여호수아는 사령관이요, 라합은 여관 주인이었다. 그 외에도 하나님을 두려워한 많은 왕들과 방백들과 군사 지도자들이 구약성경에 언급되어 있다.

또한 신약성경에 나오는 우리 주님의 법적인 아버지 요셉은 목수였고, 마르다는 집안일을 보살피는 자였다. 삭개오는 세리장이요, 니고데모와 아리마대의 요셉은 공회 의원이요, 바나바는 지주요, 고넬료는 백부장이요, 누가는 의원이요, 브리스길라와 아굴라와 바울은 천막 제조업자들이요, 에라스도는 성의 재무담당자였다.

우리 주님께서는 그가 우주의 창조자셨음에도 불구하고 자신을 낮추셔서 자비량인 목수가 되셨다. 케네스 그럽은 '텐트메이킹' 봉사에 관해 말하기를 "이것은 전혀 새로운 일이 아니다. 이것은 나사렛 목수의 의자만큼이나 오래된 일이다."라고 역설했다. 하지만 우리 주님께서는 또한 전임 선교사의 일도 인정하셨다. 왜냐하면 주님께서 이 땅에서 일하시는 동안에 친구들의 지원을 받으셨기 때문이다.

> "어떤 여자들…과 다른 여러 여자가 함께하여 자기들의 소유로 저희를 섬기더라"(눅 8:2~3).

스데반의 순교와 함께 일어난 박해는 신자들을 산지 사방으로 흩어지게 했다. '두루 다니며 복음을 전파한' 사람들은 평신도 전도자들이었다. 사도들은 예루살렘에 머물러 있었다.

자비 선교사의 가장 위대한 모델은 텐트메이커 바울이다. 바울과 바나바는 안디옥 교회에서 선교사로 안수 받아 파송될 때 여행비를 스스로 부담했다. 그리고 아굴라와 브리스길라를 그리스도께로 인도한 것이 바로 그들과 더불어 텐트를 만들고 있을 때였다. 그는 자기가 행한 자비 선교에 대해서 에베소 교회 장로들에게 이렇게 설명하고 있다.

> "내가 아무의 은이나 금이나 의복을 탐하지 아니하였고 너희 아는 바에 이 손으로 나와 내 동행들의 쓰는 것을 당하여 범사에 너희에게 모

본을 보였노니 곧 이같이 수고하여 약한 사람들을 돕고 주 예수의 친히 말씀하신 바 주는 것이 받는 것보다 복이 있다 하심을 기억하여야 할지니라" (행 20:33~35).

하지만 바울의 주 목적은 예수 그리스도에 대한 복음을 전파하는 것이었고, 그의 직업이었던 천막 만드는 일은 단순히 복음 전파를 돕는 역할을 했다. 그는 또 이렇게 말했다.

"이 일로 인하여 내가 예루살렘으로부터 두루 행하여 일루리곤까지 그리스도의 복음을 편만하게 전하였노라 또 내가 그리스도의 이름을 부르는 곳에는 복음을 전하지 않기로 힘썼노니 이는 남의 터 위에 건축하지 아니하려 함이라 기록된 바 주의 소식을 받지 못한 자들이 볼 것이요 듣지 못한 자들이 깨달으리라 함과 같으니라" (롬 15:19~21).

사도 바울은 또 "각 사람이 부르심을 받은 그 부르심 그대로 지내라."(고전 7:20)고 했다. 중국에 선교사로 갔던 존 니비어스와 롤런드 앨런은 교회가 건강하게 성장하고 자립하기 위해서는 이것이 지켜져야 할 중요한 원칙이라고 생각했다. 선교사들이 선교 현장에서 고민했던 것은, 그리스도께 나온 사람들이 자신의 이전 직업을 내려놓고서 현지의 선교사들이 일을 배분해 주고 경제적으로 뒷받침해 주기만을 바라고 있다는 것이었다. 이것은 세계 여러 지역에서 그 나라의 크리스천들이 선교단체에 지나치게 의존하는 증세를 보였고, 따라서 교회가 성장하는 것을 막는 결과를 초래했다.

고린도전서 9장에서 사도 바울은 그의 자비 선교에 대해 변호하고 있다. 그는 텐트메이커라는 이유로 진실한 사도, 혹은 선교사가 아니라는 비난을 받기도 했다. 그는 고린도 교회 교인들 자신이 그의 사도로서의 신분을 입증해 주는 '인' 혹은 '증표' 라고 말하고 있다. 바울은 계속해서 마땅히 교회의 지원을 받을 권한이 있었다는 점을 지적한다. 그는 다른 사도들이 크리스천들의 보살핌을 받아 왔다고 언급하면서 익살스럽게 "어찌 나와 바나바만 일하지 아니할 권이 없겠느냐."고 반문하고 있다(고전 9:6).

바울은 이어 주님을 위하여 일하는 사람들이 충분한 지원을 받을 정당한 권리를 말한다. 그의 질문은 이렇다. "누가 자비량하고 병정을 다니겠느냐 누가 포도를 심고 그 실과를 먹지 않겠느냐 누가 양떼를 기르고 그 양떼의 젖을 먹지 않겠느냐"(고전 9:7). 달리 말해 병정이나 농부나 목자는 그들의 일에서 물질적인 혜택을 받는다는 것이다. 이것을 뒷받침하기 위해 그는 또 모세의 율법을 인용한다. "곡식을 밟아 떠는 소에게 망을 씌우지 말라"(고전 9:9). 소가 타작 마당의 일을 도울 때에는 그 입에 망을 씌우지 말고 수확의 일부를 자유로이 먹을 수 있도록 해야 한다는 것이다. 이어서 바울은 하나님이 율법을 주신 것이 소들을 염려에서가 아니라, 그의 백성에 대한 관심이 있었기 때문이라고 설명한다. 들에서 일하는 일꾼들은 그 수확을 나누어 가질 권한이 있었다.

그리고 나서 바울은 "우리가 너희에게 신령한 것을 뿌렸은즉 너희 육신의 것을 거두기로 과하다 하겠느냐 다른 이들도 너희에게 이런 권을 가졌거든 하물며 우리일까 보냐."고 말한다(고전 9:11~12). 바울은 덧붙여 그가 '이런 권리를 사용하지 않고 범사에 참는 것은 그리스도의 복음에 아무 장애가 없게 하려 함' 이라고 말한다.

사도 바울은 또한 구약 시대 성전에서 일한 제사장들이 제단의 제물에서 그들의 분깃을 얻었다는 점을 이야기한다. 그런 후에 앞서 예시한 모든 자료들로부터 이와 같은 결론을 이끌어낸다.

"이와 같이 주께서도 복음 전하는 자들이 복음으로 말미암아 살리라 명하셨느니라"(고전 9:14).

스티븐 네일은 이 구절에 관해 말하기를 "온 힘과 시간을 다하여 복음의 일에 전념하는 사람들은 복음으로 말미암아 생활할 권리가 있다. 따라서 그들을 지원할 책임은 교회에 있다는 것이 분명한 원칙으로 정해져 있다."고 말한다.

이와 같이 우리는 사도 바울이 전적으로 지원을 받는 선교사들의 정당성을 분명히 믿고 또한 그것을 가르치고 있음을 본다. 그러나 그는 자발적으로 다른 크리스천들에게서 재정적인 지원을 받을 권리를 사용하지 않기로 작정한 것이었다. 그는 고린도 교회 교인들의 지원을 받으려는 암시로 이것을 쓴 것이 아니라고 말한다. 오히려 복음을 전할 때 값없이 전하고, 복음으로 인해 그에게 있는 권한을 다 쓰지 않는 그것이 그의 받을 상이라고 말한다.

바울이 모든 사람에게 자유했으나 스스로 모든 사람에게 종이 된 것은 더 많은 사람을 얻고자 함이었다. 이와 같은 이유로 그는 일부러 여러 다양한 사람들과 같이 되어, 그들을 그리스도께로 인도하고자 했다. 그는 덧붙여 "여러 사람에게 내가 여러 모양이 된 것은 아무쪼록 몇몇 사람들을 구원코자 함"이라고 말한다(고전 9:22).

성경적으로 볼 때, 자비량으로 복음을 전하는 것은 전적으로 지원을 받아 선교하는 것과 병행돼야 한다. 이 성경의 원리를 더욱 더 깊이 살펴본 인터크리스토 총재 필립 버틀러는 "선교사들이 자기 스스로 생활비를 버는 것은 교회가 재정적으로 그들을 지원하는 것과 마찬가지로 정당한 일"이라고 언급했다.

사도 바울도 역시 크리스천들의 지원을 받아들였다는 것은 흥미있는 사실이다. 고린도후서에서 그는 이렇게 쓰고 있다.

"내가 너희를 높이려고 나를 낮추어 하나님의 복음을 값없이 너희에게 전함으로 죄를 지었느냐 내가 너희를 섬기기 위하여 다른 여러 교회에서 요를 받은 것이 탈취한 것이라 또 내가 너희에게 있어 용도가 부족하되 아무에게도 누를 끼치지 아니함은 마게도냐에서 온 형제들이 나의 부족한 것을 보충하였음이라 내가 모든 일에 너희에게 폐를 끼치지 않기 위하여 스스로 조심하였거니와 또 조심하리라"(고후 11:7~9).

고린도에 있을 때 바울이 받았던 재정적인 지원은 분명 빌립보 교회로부터 왔을 것이다. 그는 이 선물에 대해 빌립보 교회에 보내는 편지에서 다음과 같이 언급하고 있다.

"내가 주 안에서 크게 기뻐함은 너희가 나를 생각하던 것이 이제 다시 싹이 남이니 너희가 또한 이를 위하여 생각은 하였으나 기회가 없었느니라… 그러나 너희가 내 괴로움에 참예하였으니 잘 하였도다 빌립보 사람들아 너희도 알거니와 복음의 시초에 내가 마게도냐를 떠날 때에 주고받는 내 일에 참예한 교회가 너희 외에 아무도 없었느니라 데살로니가에 있을 때에도 너희가 한 번 두 번 나의 쓸 것을 보내었도다 내가 선물을 구함이 아니요 오직 너희에게 유익하도록 과실이 번성하기를 구함이라 내게는 모든 것이 있고 또 풍부한지라 에바브로디도 편에 너희의 준 것을 받으므로 내가 풍족하니 이는 받으실 만한 향기로운 제물이요 하나님을 기쁘시게 한 것이라"(빌 4:10, 14~18).

이 본문에서 우리는 바울이 텐트를 만들어 선교비를 스스로 담당한다는 정책을 고수해서 진심으로 그의 선교를 후원하고자 했던 크리스천들의 지원마저도 거부한 것이 아님을 본다. 그러나 한편으로 만일 다른 크리스천들로부터 지원을 받는 것이 효과적인 선교에 제약을 가져다 준다거나, 혹은 오해를 받을 염려가 있다고 생각이 들었을 경우에는 그것을 받지 않았을 것이다. 이것이 바로 그가 고린도 교회에게

"보라, 이제 세 번째 너희에게 가기를 예비하였으나 너희에게 폐를 끼치지 아니하리라 나의 구하는 것은 너희 재물이 아니요 오직 너희니라 어린아이가 부모를 위하여 재물을 저축하는 것이 아니요 이에 부모가 어린아이를 위하여 하느니라 내가 너희 영혼을 위하여 크게 기뻐함으로 재물을 허비하고 또 내 자신까지 허비하리니 너희를 더욱 사랑할수록 나는 덜 사랑을 받겠느냐 하여간 어떤 이의 말이 내가 너희에게 짐을 지우지는 아니하였을지라도 공교한 자가 되어 궤계로 너희를 취하였다 하니 내가 너희에게 보낸 자 중에 누구로 너희 이를 취하더냐 내가 디도를 권하고 함께한 형제를 보내었으나 디도가 너희 이를 취하더냐 우리가 동일한 성령으로 행하지 아니하더냐 동일한 보조로 하지 아니

하더냐"(고후 12:14~18).

라고 말한 이유였다.

에베소 교회에 보낸 편지에서 사도 바울은 더 나아가 평신도들이 담당하는 중요한 역할을 제시하고 있다. 그는 우리 주님께서 그의 권능의 보좌에 올라가셨을 때, 교회에 사도와 선지자와 복음 전하는 자와 목사와 교사 등과 같은 교회 지도자들을 선물로 주셨다고 말한다. 그들을 주셔서 일하게 하신 목적은 "성도를 온전케 하며 봉사의 일을 하게 하며 그리스도의 몸을 세우려 하심"이었다(엡 4:12). 이와 같이 전적으로 지원을 받아 일하는 교회 직원들에 대한 성경의 원리는 그들이 그리스도의 몸된 교회의 일을 자비로 수행하는 크리스천들을 도와주어야 한다는 것이다. 이 둘은 함께 협력해서 일해야 한다. 같은 편지에서 바울은 자비로 일하는 사람들이 빈궁한 자들을 어떻게 도와줄 수 있는가에 대해서 말하고 있다.

"도적질하는 자는 다시 도적질하지 말고 돌이켜 빈궁한 자에게 구제할 것이 있기 위하여 제 손으로 수고하여 선한 일을 하라"(엡 4:28).

바울은 더 나아가서 데살로니가 교회에 보내는 편지에서 그리스도께로 돌아온 지 불과 얼마 되지 않기 때문에 자비로 선교하고 있던 크리스천들의 영적인 효과에 대해 "주의 말씀이 너희에게로부터 마게도냐와 아가야에만 들릴 뿐 아니라 하나님을 향하는 너희 믿음의 소문이 각처에 퍼진고로 우리는 아무 말도 할 것이 없노라."고 말한다(살전 1:8). 여기서도 그는 데살로니가 교회에서 자비 선교를 했던 일을 언급하고 있다. "형제들아 우리의 수고와 애쓴 것을 너희가 기억하리니 너희 아무에게도 누를 끼치지 아니하려고 밤과 낮으로 일하면서 너희에게 하나님의 복음을 전파하였노라"(살전 2:9).

그 후에 다시 그는 두 번째 편지에서 같은 사실을 반복하여 언급하고 있다.

"어떻게 우리를 본받아야 할 것을 너희가 스스로 아나니 우리가 너희 가운데서 규모 없이 행하지 아니하며 누구에게서든지 양식을 값없이 먹지 않고 오직 수고하고 애써 주야로 일함은 너희 아무에게도 누를 끼치지 아니하려 함이니 우리에게 권리가 없는 것이 아니요 오직 스스로 너희에게 본을 주어 우리를 본받게 하려 함이니라"(살후 3:7~9).

이것은 스스로 일하여 자비로 선교한 바울이 다른 신자들이 그대로 본받아야 할 자비 선교사로서의 본보기였음을 보여 주는 말씀이다. 그는 더 나아가 권위를 가지고, "우리가 너희와 함께 있을 때에도 너희에게 명하기를 누구든지 일하기 싫어하거든 먹지도 말게 하라 하였더니 우리가 들은즉 너희 가운데 규모 없이 행하여 도무지 일하지 아니하고 일만 만드는 자들이 있다 하니 이런 자들에게 우리가 명하고 주 예수 그리스도 안에서 권하기를 종용히 일하여 자기 양식을 먹으라 하노라."고 말할 수 있었던 것이다(살후 3:10~12).

사도 바울은 진실한 크리스천 텐트메이커가 본받아야 할 산 표본이었다. 케네스 그럽이 그리스도를 위하여 스스로 일을 하며 선교하는 일에 관해 말했던것 처럼, 이것은 '성경이 인정하는 방법' 이다.

4. 자비량 선교의 역사

> 다른 사람들은 노력하였고
> 너희는 그들의 노력한 것에 참여하였느니라
> 요한복음 4 : 38

초대 교회 역사를 보면, 예루살렘에서 일어난 박해로 인해 모든 땅에 흩어져 '두루 다니며 복음의 말씀을 전한' 이들이 평신도라는 것을 알 수 있다. 그 후로부터 써 내려온 교회 역사의 페이지를 살펴보면, 하나님께서는 복음 전파를 위하여 전적으로 지원을 받는 크리스천들뿐만 아니라, 스스로 일하여 자급하는 텐트메이커들도 사용하신 것을 확인할 수 있다.

동방 교회로부터 온 텐트메이커들

주후 339년부터 448년 사이에 페르시아에서 일어난 기독교 박해로 인해 순교당한 크리스천들은 수십만 명에 달했다. 또한 많은 크리스천들이 그 박해를 피해 흩어졌다. 초대 교회의 신자들처럼 이들도 가는 곳마다 복음을 전파했다. 그들은 대부분 자기의 생계를 위해 일을 해야만 했던 평신도들이었다. 그들이 가 있는 땅에서 손수 일하거나, 혹은 그 땅의 귀족들과 왕족들의 집에서 비서로, 의사로, 또는 청지기로 취직하여 생활비를 벌어가면서 복음을 전한 그들은 모두가 다 십자가의 선교사들이었다."

그들이 소유하였던 권능의 비밀은 하나님의 말씀을 아는 지식에 있었다. 그들은 큰 믿음의 사람들이었으며, 성경에 능한 사람들로서, 성경의 대부분을 암기하고 있었다. 그 중에는 신약성경 전체를 암기하고 있는 사람들도 많았다. 그들은 스스로 일하며 생활비를 버는 사람들이었으나, 그들의 주된 소명은 예수 그리스도의 사신, 혹은 대사가 되는 데 있었다.

이 운동을 연구하는 일에 여러 해를 보낸 존 스튜어트 박사는 이 당시의 크리스천들은 '이제까지 세계가 본 중에서 가장 많은 선교사들을 가진 교회'로 평가하고 있다. 그는 엄청난 전도 활동으로 11세기 아시아에 자기를 크리스천이라고 생각하는 사람들이 당시의 유럽 전체에 있던 숫자보다도 더 많았다는 증거를 가지고 이 견해를 뒷받침하고 있다. 그는 이들이 전도의 열심을 가지고 중앙아시아와 인도와 중국, 한국, 일본과 동남아시아에까지 복음을 전한 사실을 언급하고 있다. "오늘날 아직도 복음의 메시지에 대한 문이 닫혀져 있는 땅으로 알려진 아프가니스탄과 티벳은 회교가 발생하기 오래 전에 벌써 크리스천 활동의 중심지였다."

그들은 가는 곳마다 크리스천 공동체 안에서 자녀들을 훈련시키기 위한 학교들을 세웠다. 그들이 세운 수도원들마저도 신·구약성경을 주로 가르쳤던 만큼 실상은 선교사 양성을 위한 학교였다고 볼 수 있다.

그렇다면 자연히 '아시아에서 있었던 이처럼 엄청난 선교 운동에 대해서 우리가 왜 좀 더 많은 것을 듣지 못하고 있는가?' 하는 의문이 생긴다.

한 가지 이유는 동방 교회와 서방 교회 사이의 교리적인 차이점에 있다.

유럽의 저술가들은 동방의 네스토리우스파(the Nestorians)와 그밖의 아시아 크리스천들을 이단으로 정죄한 사실이 있다. 스티픈 네일은 "거의 모든 책들이 기독교 역사를 전적으로 서구적인 관점에서 제시하고 있다. 451년에 있었던 칼세돈(Chalcedon)회의 이후로 동방 교회는 아주 자취를 감추고 말았다."고 주장한다. 많은 크리스천 학자들은 네스토리우스파의 교리가 지금까지 생각해 오던 것과 같이 이단이 아니었으며, 서방 교회와 단절되어 교회사 기록에서 자취를 감추게 되기까지 종교 정책이 중요한 몫을 차지했다는 사실을 깨닫고 있다.

또 한 가지 의문은 '아시아에서 왜 기독교가 거의 말살되었는가?' 하는 것이다. 이것에 대한 답으로 성경이 대개 고대의 언어 그대로 보존되어 왔으므로 일반 사람들은 이해하지 못했다는 사실이다. 그래서 교회는 의식적이고 명목적인 믿음에만 머물게 되었다. 따라서 회교와 불교가 여러 세기에 걸쳐서 본래 크리스천이었던 이들을 그들의 종교로 동화시켜 결국에는 크리스천의 믿음을 말살시키고 말았다는 것이다.

로마 천주교 선교단체들의 텐트메이커들

마르코 폴로(Narco Polo, 1254~1323년)가 13세기 후반에 중국에 갔을 때, 그의 여행의 동기 중 하나가 기독교를 전파하는 것이었다. 최근의 연구는 또한 콜럼버스도 마찬가지로 현지의 사람들에게 기독교의 복음을 전파할 목적으로 좀 더 나은 인도 항로를 발견하려는 염원에서 항해에 나서게 된 것을 보여 주었다.

어거스트 클링은 그의 저서에 "콜럼버스는 모든 시대 중에서 가장 주목할 만한 크리스천 평신도였다. 그의 아메리카 항해는 전적으로 성경에서 얻은 비전을 실현한 것이다. 콜럼버스가 저술한 「예언서」(The Book of Prophecies)엔 지구와 먼 땅들과 바다와 인구의 이동, 미지의 부족들에 대한 성경의 가르침, 장차 온 세상에 복음이 전파될 것에 대한 성경의 예언들이 포함되어 있다. 또한 먼 지역들 사이의 왕래에 대한 성경의 예언들과, 세상 끝 날과 예수 그리스도를 왕 중의 왕이요, 만주의 주로 모신 하나님의 나라를 지상에 이룩할 것에 대한 성경의 예언들을 주의 깊게 편집해 놓은 것이다. 그는 그리스도께서 재림하여 그의 우주적인 나라를 세우는 일이 먼저 먼 곳의 여러 섬들에 흩어져 사는 모든 민족과 부족들에게 전파되지 않고서는 이루어질 수가 없다고 믿었다."고 밝히고 있다.

이제까지 살았던 가장 위대한 선교사들 가운데 하나인 프랜시스 사비어(Francis Xavier, 1056~1552년)는 프랑스의 학생들을 찾아가 그들의 하찮은 야망을 버리고 동방에 와서 복음을 전하라고 권유했다. 그는 세계 만민을 기독교로 개종시키는 일에 아주 지대한 관심을 갖고 있었기 때문에 인도 현지의 포르투갈 총독들에게 그들의 관리 아래에 있는 현지의 주민들을 천주교회로 이끌어내도록 최선을 다할 것을 포르투갈 왕에게 요청했다.

일본에 간 예수회 선교사들은 비단 장사를 해서 그들의 선교 활동 자금을 조달했다. 또한 미개척 대륙의 스페인 식민지에 간 로마 천주교회 선교 단체들은 그들의 생활을 위해 농업과 목축업에 종사했다.

동인도회사의 사목들

동인도회사(the East India Company)가 설립되었을 때, 무굴궁전에 부임해서 1607년부터 1612년까지 대사로 재직한 토마스 로우라는 크리스천이 있었다. 그는 헌신적인 크리스천이었기 때문에 사목을 겸임해서 활동했다.

그때로부터 동인도회사는 계속해서 고용인들을 위한 성직자를 확보했다. 이 사목들을 위한 회사의 내규에는 '현지의 인도 사람들에게 기독교의 믿음을 알리기 위해서 현지 언어를 습득하라' 는 지시가 포함되어 있었다. 그러나 동인도회사는 일반적으로 이 규정을 무시하였고, 실제적으로 선교의 일을 종종 반대했다.

복음주의 각성 운동에 영향을 받은 많은 헌신적인 목사들이 동인도회사를 통해서 인도에 갔다. 이들 '경건한 사목들' 가운데 가장 잘 알려진 사람이 헨리 마틴(1781~1812년)이다. 인도에 가기 앞서 그는 위대한 크리스천 사회 개혁가 윌리엄 윌버포스(1759~1833년)와 이전에 노예 상인이었다가 개종한 후 목사가 되어, 찬송가 '나 같은 죄인 살리신(Amazing Grace)을 지은 존 뉴튼(1725~1807년)의 충고를 듣게 된다.

헨리 마틴은 처음에 선교사로서 인도에 갈 것을 생각하였으나, 다음 두 가지 이유로 사목으로 갈 결심을 굳히게 된다. 첫째, 그는 필요한 선교비 지원을 확보하지 못하였던 만큼, 사목으로 가게 되면 정기적인 사례를 받을 수 있었기 때문이다. 둘째, 그 당시에 동인도회사는 그들의 영역 내에서 선교 활동을 하는 것을 용납하지 않고 있었다.

1806년 캘커타에 상륙했을 때 그는 "나는 하나님의 자녀가 아닌 한덩이 진흙과도 같이 살아왔다. 이제는 그리스도를 위해 내 생애를 불태우리라."고 말한 것으로 전해지고 있다. 그는 그의 말대로 헌신적인 삶을 살았다. 그는 동인도회사에 고용되어 영국인들과 더불어 효과적으로 일하는 가운데, 현지의 언어를 익혀 그곳의 주민들을 위해서 복음의 사역을 수행해 냈다. 그는 신약성경을 힌두스탄 언어로 번역하고, 아랍어 신약성경 개정판을 내어 놓기도 했다. 1811년에 그는 남부 이란의 시라즈에 갔다. 거기서 8개월을 머무는 동안 퍼시아 언어로 신약성경을 번역하는 일을 했다. 번역을 마친 그는 현지 대필가를 동원해서 성경을 손으로 복사를 한 다음 그 퍼시아 언어로 쓰여진 신약성경 사본을 이란 왕에게 증정했다. 휴가차 영국의 집으로 돌아오는 길에 터키를 통과하는 여행을 했으나, 그만 병에 걸려 결국 1812년 10월 6일 서른 한 살의 젊은 나이로 하늘의 부르심을 받게 된다. 그는 철저한 헌신과 뛰어난 학문을 고루 갖춘 복음의 일꾼이었다.

모라비안 텐트메이커들

역사를 통해서 볼 때 기독교의 부흥은 대부분 선교 사업과 영적 각성운동의 결과로 이루어졌다. 대표적인 예가 모라비안 크리스천들의 활동이다.

1727년 하나님께서는 진젤도르프 백작(1700~1760년)의 인도 아래 지금의 동독에 위치한 헤른후트에 모여든 종교 난민들의 기도에 대한 응답으로 성령을 부어주셨다. 진젤도르프 백작은 처사촌인 덴마크 왕 크리스천 6세의 대관식에 참석했을 때 만난 서인도제도 출신의 한 흑인 노예로부터 세인트 토마스 섬의 원주민들이 처해 있는 영적·육체적인 참상에 대해 듣게 된다. 그는 이 소식을 모라비안 형제들에게 전했는데, 즉석에서 두 명의 기술공이 자비 선교사로 그곳에 가겠다고 지원했다. 그 두 지원자는 도예공 레온과 목수 데이비드였다. 그들은 1732년에 서인도제도에 도착해서 무역을 통해 생활비를 벌었다. 이렇게 해서 모라비안 크리스천이 연장을 어깨에 메고, 복음 전파의 사명을 가지고 의미심장한 영적인 운동을 시작한 것이었다.

또 다른 그룹의 모라비안 선교사들은 캐나다의 허즈슨 만에 위치하고 있는 래브라도를 향했다. 그들은 에스키모인들과 거래를 통한 수입으로 생활을 했다. 그들은 상품을 운반할 배까지도 소유하고 있었다.

그들은 최소한의 이윤을 남겨, 그 돈을 완전히 선교 사업에 사용했고, 에스키모인들 가운데 가난한 사람들과 병든 자들, 노인 복지에도 이바지했다. 혹독한 겨울과 사냥, 고기잡이가 잘 안 되는 기간에는 경제적인 어려움으로 고통을 받는 에스키모인들에게 자신들의 창고에서 물건을 꺼내 도움을 주었다. 이 자비량 선교는 모라비안 크리스천들이 섬기고 있던 에스키모인들에게 노동의 신성함을 가르치는 계기가 되었다.

또한, 다른 모라비안 선교사 두 사람은 1754년에 라틴 아메리카에 있는 수리남에 가서 재단사로 일하기 시작했다. 다른 사람들이 동역자로 와서 일반 사업과 빵 제조업, 시계 제조 산업을 추가했다. 이러한 기업들은 현지 주민들을 고용할 수 있게 함으로써 그들에게 직업을 제공해 주었을 뿐만 아니라 예수 그리스도를 아는 구원의 지식에 이르게 했다. 그 회사의 이름은 'Christoph Kersten & Co.'였다. 이 명칭은 '그리스도를 전하는 크리스천과 회사'를 의미한다. Company라는 말은 형제들의 연합체 혹은 모라비안들의 단일체를 뜻하고 있다. 현재 이 회사는 수리남에서 가장 큰 무역 회사가 되었고, 뉴욕과 암스테르담, 함부르크에 지부를 두고 있다. 이 회사가 교회에 기부하고 있는 현금은 수십 만 달러에 이르고 있다.

모라비안 크리스천들은 자원하는 헌금으로는 엄청난 선교의 임무를 모두 감당할 수 없다고 주장했다. 그러므로 선교사들은 선교비만 아니라 선교의 기회까지 제공해 줄 수 있는 기업을 통해 후원을 받아 계속 선교 사업을 확장해 나가야 한다는 주장을 해 왔다.

시장에서 자기 믿음을 실천에 옳기는 신자들이야말로 실제적인 선교의 보조자들이 될 수 있다. 앞서말한 'Christoph Kersten & Co.'는 북미가 노인 복지연금과 의료보험을 실시하기 전부터 제공하고 있었다. 더욱이 그들은 고용인들을 위해서 근무 중에 훈련시키는 제도를 도입했을 뿐만 아니라, 주택 마련을 위한 지원을 아끼지 않았다. 그리고 영적인 면도 소홀히 하지 않았다. 그들은 매일 작업을 시작하기 전에 경건의 시간을 가졌다.

윌리엄 댄커 박사는 모라비안 크리스천에 대해 "그들은 모든 크리스천이 선교사이며, 각각 자기의 직업을 통해 일상적으로 그리스도의 증인이 되어야 한다는 것을 가르쳐 주었다. 만일 다른 크리스천들이 모라비안 크리스천들의 모범을 좀 더 면밀히 연구한다면, 목사와 교사, 의사 외에도 사업가들이 기독교 세계 선교를 확대하는 데 영광스런 위치를 차지할 가능성이 있다."라고 말하고 있다.

현대 선교 운동의 아버지가 된 구두 수선공

"내 직업은 그리스도를 증거하는 것이다. 내가 구두를 만드는 것은 단순히 내 비용을 마련하기 위해서다." 이것은 윌리엄 캐리가 한 말이다. 이 말은 텐트메이커로서 인도 현지에서 자기의 생활과 선교를 뒷받침한 자비량 선교사로서의 생활 신조를 요약하고 있다.

영국을 떠나기 전, 그는 자기를 후원하기로 한 크리스천들에게 자신이 떠나는 것이 마치 광부가 밧줄을 타고 갱에 내려가는 것과 같다고 설명해 주었다. 그는 후원자들에게 그 밧줄을 굳게 붙잡아 달라고 호소했다. 그러나 그가 캘커타에 도착했을 때, 본국에 있는 크리스천들은 그를 경제적으로 돕는 일을 그만 잊어버리고 말았다. 게다가 그는 현지의 동인도회사로부터 공식적인 반대를 받았다. 동인도회사는 그를 강제로 출국시키겠다고 위협했다.

결국 자기 가족을 인도의 내륙으로 데리고 들어가서 남색 물감의 원료가 되는 인디고 식물 재배 농장의 감독자가 된다. 이 직업을 통해 윌리엄 캐리는 현지의 주민들과 사귀면서 벵갈 언어를 배우게 된다. 비록 번역본을 만들기 위해서 일곱 번이나 수정을 했지만, 5년 안에 신약성경을 벵갈 언어로 번역하는 의미있는 일을 수행해 낸다.

인도에 도착한 지 6년이 되는 해에 윌리엄 캐리는 교사 조수아와 인쇄공 윌리엄 워드를 맞아들이게 된다. 이 삼인조 팀은 이후 기독교 역사에서 가장 유명한 선교팀 가운데 하나가 된다. 이들은 영국인들의 적대감으로 인해 캘커타에서 강을 따라 16마일이나 떨어진 세람포어의 덴마크 식민지에 정착해야만 했다. 이 세 명의 자비 선교사들은 신구약성경을 6개의 서로 다른 언어로, 신약성경을 23개의 또 다른 언어로, 그리고 성경의 일부를 10개의 방언으로 번역해서 출판했다.

윌리엄 캐리는 또한 탁월한 산스크리트 학자가 되었다. 그는 캘커타에 있는 Port William College에서 언어학 교수로 청빙받았다. 이 직업을 통해서 큰 액수의 봉급을 받았는데, 그 중에서 95퍼센트를 선교비로 사용했다. 그는 또한 1,000페이지에 달하는 아주 훌륭한 산스크리트어 문법책을 출판했다. 이후 그는 인도의 식물학계에 지도적인 권위자가 되어, 브리태니커 백과사전에 식물학 내용을 올리기도 했다.

윌리엄 캐리는 인도의 갠지스강에서 갓난 여아들을 희생 제물로 드리는 일을 금지시키는 법안을 통과시키는 일에도 도움을 주었다. 또한 남편의 시체를 화장하는 장작더미 위에서 그 과부를 죽이는 일을 금지하는 법안을 만들게 했다. 그 외에도 그 크리스천 학교와 교회를 설립하기도 했다.

그는 역사적인 저서 「이교도들의 개종을 위한 크리스천 의무에 관한 연구」(An Inquiry Into the Obligations Christians to Use Means for the

Conversion of the Heathens)에서 전세계의 복음화를 계획했다. 인도에 가기 전에 써서 1792년도에 내어 놓은 이 책은 그가 아는 세계 여러 나라에 관한 사실과 통계 수치들을 열거하고 있다. 그는 세계 복음화를 위한 선교대회까지도 계획하고 있었다. 그러나 그는 당시의 사람들보다도 훨씬 더 앞서가는 사람이었기 때문에 그의 비전에 보조를 맞추어 줄 사람들이 없어서 그의 계획을 구체화하지는 못했다.

1833년에 텐트메이킹에 대해 "선교의 사명을 수행함에 있어서 우리는 언제나 텐트메이킹을 하나의 기본적인 원리로 생각해 왔다. 실천 가능한 때 언제든지 선교사들은 자기의 노력을 통해 생활비와 선교비의 전부 혹은 일부를 담당해야만 한다."고 말했다.

윌리엄 캐리는 겸손한 사람이었다. 그가 이룩한 일에 대해서 조심스럽게 하나님께 영광을 돌렸다. 주님의 부르심을 받아 세상을 떠나기 직전에 그가 했던 일에 대해 여러 사람들이 칭찬을 했다. 그는 자신을 칭찬하려는 사람들에게 겸손하게 "윌리엄 캐리에 대해서는 말하지 말아 주세요. 윌리엄 캐리의 주님에 대해서 말해 주세요."라고 부탁했다고 한다. 결국, 영국에 돌아가지는 않았으나, 영국 정부로부터 기사 작위를 받게 된다. 또 인도 정부는 1961년에 윌리엄 캐리의 출생 200주년을 맞아 기념 우표를 발행하여 이 위대한 하나님의 사람의 업적을 기리기도 했다.

그 밖의 19세기 텐트메이커들

로버트 모리슨(1782~1834년)은 1800년대 초기 중국에 선교사로 가고자 노력한 사람이었다. 그러나 동인도회사는 어느 배도 승선을 허락해 주지 않았다. 이런 이유로 그는 미국에 와서 육로로 대륙을 건너 서해안에서 배를 타고 중국으로 가야만 했다. 그는 홍콩에서 멀지 않은 마카오 섬에서 일을 할 수 있었는데, 부지런히 언어를 배워서 마침내 본래 자기의 승선을 거부했던 동인도회사의 통역관이 되었다. 모리슨은 이 회사에서 나오는 급료로 생활하면서 성경 전체를 중국어로 번역했다. 그의 무덤은 그가 잠든 마카오 섬에 지금도 보존되어 있다.

요한네스라는 한 독일 크리스천은 1811년에 시계 제조공으로 인도네시아에 갔다. 자바 여자와 결혼한 그는 처가의 친척뿐만 아니라 일상생활에서 만나는 다른 사람들에게도 복음을 전할 수 있었다. 그는 그곳에 교회를 세우고, 1843년 35명의 회교도들을 개종시켜 세례를 받게 하기도 했다.

영국의 해상 무역업자 러라춰는 1848년 코스타리카에 최초의 개신교회를 세웠다. 아울러 그는 코스타리카의 경제 성장을 크게 도운 인물이다. 코스타리카와 영국의 섬들 사이에 커피 무역을 개시한 일 외에도 코스타리카 젊은이들이 영국에 가서 교육을 받을 수 있도록 장학금을 지급하기도 했다. 이들은 교육을 받고 돌아와 조국의 발전에 기여한 지도자들이 된다. 러라춰는 코스타리카 전역에 성경을 보급하기도 했다.

군인 텐트메이커들

북서부 이란에 파송된 최고의 미국 선교사 저스틴 퍼킨스 목사는 "동양에 산재해 있던 영국인들 가운데 지위가 높으면서도, 헌신적이고, 경건한 군인들과 일반 공무원들이 있었다. 그들은 하나님의 겸손한 종으로 알려지는 것을 부끄러워하지 않았다. 그들은 복음이 전파될 길을 신속히 예비한 선교의 개척자들이었다."고 하였다.

아프가니스탄에서 복음을 전한 초기의 전도자들 가운데 일부는 영국과 아프가니스탄 사이에 일어났던 제 1·2차 전쟁 당시 영국 군대에 소속되어 있던 크리스천 장교들과 사병들이었다. 카불의 점령군 대위였던 리반은 같은 마음을 품은 하나님의 사람들과 함께 1838년에 윌리엄 캐리가 번역한 파쉬투어 성경을 아프가니스탄 사람들에게 보급하기 원했다. 이들은 성경을 싣고 목적지로 향했다. 캘커타에서 성경을 운반해오는 일행이 도착하자 큰 소동이 일어났다. 당국자들이 "이 일은 근처 부족들을 자극시켜 광분이 일어나게 할 것이다. 성경을 즉시 가져가라."고 거부했기 때문이다. 이 명령은 실행되었으나 성경은 되돌아가지 않았다. 되돌아가던 일행이 강도의 공격을 받아 모든 것을 약탈당해 하나님의 말씀이 아프가니스탄 사람들에게 보급되었기 때문이다.

서부 아프가니스탄의 헤랏트에 주둔하고 있던 영국군들 가운데는 진지한 크리스천 기도모임이 있었다. 로건 박사로 알려진 한 의무장교는 파쉬투어로 번역한 윌리엄 캐리의 신약성경과 퍼시아 어로 번역한 헨리 마틴의 신약성경을 아프가니스탄 친구들에게 보급할 수 있었다.

인도의 북서부 접경 페샤워에 주둔하고 있던 또 다른 영국군 크리스천 장교 그룹은 그 지역에 선교사들이 들어올 수 있는 문이 열리기를 기도하고 허가를 받기 위해서 절차를 밟았다. 그 지역을 담당하고 있던 크리스천 장교 허버트 에드워디스는 크리스천 모임에서 다음과 같이 말했다.

"인도를 주님 앞으로 인도하는 것은 정부의 일이 아닙니다. 인도를 복음화시킬 의무는 크리스천 개개인에게 있습니다. 인도에 살고 있는 모든 영국인 남녀는 이 의무를 수행하기 위해 각자 해야 할 책임이 있습니다. 오늘 우리는 그 일을 위해서 이 자리에 함께 모였습니다. 인구가 조밀한 이 도시에서 우리는 브라만 신전에서 울려나오는 염불 소리와 종소리를 듣고, 높은 회교 사원의 첨탑에서 허공을 울리는 무애찐(the Muezzin) 기도 소리를 들을 수 있습니다. 이제 힌두교도들과 회교도들을 보호했던 정부 당국은 복음을 전하러 나가는 크리스천 선교사들을 보호하는 의무를 다할 것입니다."

허버트 에드워디스 장군에 관해, 그 지역에서 창립된 선교회의 보고서는 다음과 같이 진술하고 있다.

이렇게 어려운 시대에 이보다 더 힘든 나라의 선교지에서 성공적인 경영이 이루어졌다는 보고는 거의 찾아볼 수 없었다. 그의 정부는… 최고의 도덕성과 결단성과 관대함과 권세로 말미암아 다스림을 받는 백성들 가운데서 그에게 모범적인 통치자라는 이름을 붙일 정도로 탁월한 정부였다.

페샤워에서 선교회의 운영으로 시작된 한 학교는 이 경건한 하나님의 사람 에드워디스 장군의 이름으로 지어졌다. 이 학교는 오늘날까지도 에드워디스 칼리지(Edwardes College)라는 이름으로 운영되고 있다.

스위스 바젤선교회의 텐트메이커들

바젤선교회(the Basel Mission)는 그 회원들이 자비로 일하도록 격려했다. 예를 들어 베짜는 숙련공 존 홀러는 1851년 인도로 파송받았다. 2년이 채 되기 전에 그는 20대가 넘는 직조기를 확보하고 27명의 고용인을 두었다.

빛이 바래지 않는 염료를 개발하고자 애쓰던 중에 그는 세메칼퍼스 나무 (the semecarpus tree) 수액으로부터 카키색 염료를 추출해 낼 수 있다는 것을 발견했다. 그가 이 이름을 붙인 것은 현지 말로 '카키'가 땅색(황갈색)을 의미했기 때문이다. 그의 직물 공장을 방문한 칸다하르의 로버츠 경은 이 염료에 대해 깊은 감명을 받게 된다. 결국 인도 주둔 영국군 사령관이었던 그는 영국군의 붉은색 군복을 카키색 군복으로 바꾸도록 지시했다.

인도에서 직물 제조업이 번창하면서 공장의 고용인들은 안락한 주택을 마련하고 정원도 가꿀 수 있게 되었다. 그들은 또한 노동자 신용조합과 의료보험에도 가입했다. 크리스천 기업체인 이 공장에서는 매일 예배를 드렸다.

바젤선교회는 또한 가나의 서부 아프리카 지역에 무역회사를 설립했다. 선교 회원이었던 스위스의 농부 세 명이 이 나라에 처음으로 코코아 나무를 들여갔는데, 코코아 나무는 본래 남미가 원산지였다. 1891년에는 바젤선교회에 의해서 최초 코코아가 가나로부터 유럽으로 수입된다. 이로부터 25년이 지난 뒤에 가나는 세계의 주도적인 코코아 생산국이 되어 아프리카의 흑인 국가 중에서 GNP가 가장 높은 나라가 되었다.

바젤선교회는 "경건은 범사에 유익하니 금생과 내생에 약속이 있느니라."(딤전 4:8)는 말씀을 입증할 수 있는 일이라면 무엇이나 하려고 애썼다. 선교부를 설치할 수 없는 지역들에서는 우선 그 사무직원들이라도 복음을 전할 수 있도록 무역부를 설치하는 일부터 시작했다. 이 선교회는 성직자만 영적인 일을 하는 유일한 지분이 아니라는 원칙을 세우고 일을 진행했다. 그들은 하나님의 영으로 충만한 사람은 하나님의 일을 어느 분야에서 하든지 간에 영적인 사람이라고 믿기 때문이다.

댄커 박사는 바젤 선교회를 이렇게 평가했다. "바젤 무역회사는 항상 시장에서 그리스도를 증거할 수 있는 양질의 크리스천들을 파송하기 위해서 힘써 왔다. 그들은 자기 등불을 말 아래 두지 않았다… 그들은 공장 안에서, 그리고 가게의 계산대 너머로 복음의 산 증인의 빛을 비추기 위해서 그들의 등불을 등경 위에 높이 두었다."

일본에서 그리스도를 증거한 텐트메이커들

미국 육군사관학교 출신 제인스 대위는 1781년에 일본 서부의 구마모토에 있는 한 군사학교를 맡아 달라는 초청을 받았다. 그가 미친 영향이 컸기 때문에 5년 안에 그의 학생 가운데 35명이 그리스도를 영접했을 뿐만 아니라 주님께 충성을 맹세하였다. 크리스천이 된 그들은 자기 조국의 해방을 추구했다. 그들 대부분은 사무라이 계급 출신으로서 구마모토대(the Kumamoto Band)로 알려지게 되었고, 일본에 큰 영향을 미쳤다. 그들 회원 가운데 폴 가나모리 박사는 이후 위대한 전도자가 되었다.

일본에 갔던 또 다른 크리스천 텐트메이커는 클라크 박사였다. 1876년에 그는 홋카이도의 북부 섬에 농업학교를 설립할 목적으로 일본 정부로부터 초청을 받았다. 새로 세운 농업학교의 첫 학생 15명 전체가 그리스도를 영접하고 세례를 받고자 했다. 다음해에 그와 그의 학생들은 다음 학년의 학급까지도 그리스도께 인도했다.

학생자원자운동을 후원한 텐트메이커

역사상 가장 위대한 선교 운동 가운데 하나는 학생자원자운동(the Student Volunteer Movement)이다. 이 운동은 1886년 미국 매사추세츠주 마운트 허몬에서 무디가 연 집회에서 시작되었다. 그들은 '세계 복음화는 이 세대 안에'(the Evangelization of the world in this generation)라는 슬로건을 내걸고 로버트 스피어 박사와 존 모트 박사(Dr. John. R. Mott) 같은 훌륭한 평신도 지도자들을 확보했다. 이 대회 이후 2만 명이 넘는 남·여 크리스천들이 실제로 세계의 선교 현지로 나아갔다. 1906년에는 크리스천 사업가들이 선교를 위해서 기도하기 위해 모였다가 평신도 선교 운동(Laymen's Missionary Movement)이라는 단체를 결성하게 된다. 3년 안에 이 단체는 북미에 3,500개의 사무실을 확보하고 전 대륙의 75개 도시에서 전체 10만 명 이상이 참석하는 집회를 갖게 되었다. 로버트 윈터는 "불타는 사명으로 선교 현지에 가기 원하는 젊은이들을 보내는 데 필요한 자금의 대부분을 담당한 사람들은 사업가들과 또한 수천의 여성 선교 단체들에 속하고 있는 부인들이었다."라고 강조했다.

구 소련의 크리스천 텐트메이커

메이어는 1910년 구 소련 영내의 적십자사 자비 봉사 간호원으로 일하기 시작했다. 메이어는 아프가니스탄에까지 들어가려 했으나 거부되었다. 그녀는 국경을 넘어온 아프가니스탄 사람들에게 성경을 나누어 주었는데, 그 사람들이 여행용 자루 속에 성경과 복음서를 넣어 아프가니스탄으로 돌아가는 것을 보며 즐거워했다. 메카로 향하는 회교 순례자들의 비참한 처지를 보고 마음이 움직인 메이어는, 한걸음 더 나아가 회교 순례자들을 운반하는 배에서 간호원으로 일할 결심을 하게 된다. 병자와 죽어가는 사람들을 사랑으로 보살피는 동안 메이어는 항상 빨간 십자가가 새겨진 간호원 복장을 하고 있었다. 그녀는 메카의 항구인 짓다에 진료소까지 개설했다. 그녀의 사역에 대한 매혹적인 이야기는 그녀의 책 '하나님과의 모험'(Adventures with God)에 실려 있다. 이후 그녀는 이란의 마샤드를 거쳐 타슈켄트로 되돌아갔는데, 공산당 당국에 의해 체포되어 소련의 감옥에서 8년을 보냈다. 끔찍한 상황에 처해 있음에도 불구하고 메이어는 함께 갇혀 있는 다른 사람들을 도와주고, 그들에게 그리스도를 증거하는 자유를 누렸다. 한 감옥에서 다른 감옥으로 옮겨질 때, 함께 지내던 여자 수감자가 "메이어 동무, 동무가 우리를 떠나가는 것이 마치 예수 그리스도께서 우리를 떠나가는 것같이 느껴지는군요."라고 말했다고 한다.

전세계의 크리스천들이 그녀에 대해 관심을 갖게 되자 소련 당국은 마침내 그녀를 석방시켰고, 캐나다로 추방했다. 주님을 위해서 일하는 동안 그녀는 줄곧 '증인'을 의미하는 '샤히다' (Shaheeda)라는 이름을 사용했다. 메이어는 기쁨이 넘치는 그리스도의 증인으로서 주님을 위해 기쁨으로 고난을 받았다. 그녀는 평생을 구 소련과 중앙 아시아, 아라비아에서 주님을 위해 자비로 봉사했다.

5. 비기독교인들에 의한 자비량 선교

이 세대의 아들들이…
빛의 아들들보다 더 지혜로움이니라
누가복음 16 : 8

아프가니스탄 카불 현지의 유대인 랍비는 자기의 종교적인 의무를 수행하면서 또한 사업가로 일하고 있다. 이는 랍비의 전통에 따른 것이다. 이와 마찬가지로 사도 바울은 그의 영적인 봉사와 함께 텐트메이커로 일했다. 여러 세기를 내려오는 동안 랍비들의 훈련은 그들이 부업을 갖도록 권장했다. 그래서 세계 어디서나 회원들의 숫자가 적어서 랍비를 청할 수 없는 지역까지도 유대인들은 랍비의 보살핌을 받을 수 있었다.

회교도들도 역시 자비 선교의 방법을 사용해서 그들의 종교를 전파해 왔는데, 주로 군인, 무역업자, 정부 관리들이 이러한 역할을 담당해 왔다. 오늘날 회교 신자들이 세계 인구의 6분의 1에 달하게 된 것은 주로 이 방법을 사용했기 때문이다. 현재 회교가 전적으로 선교비를 지원받는 선교사들을 여러 나라에 파송하고 있으나, 세계로 뻗어 나가는 주된 포교 활동은 평신도 자비량 회교 선교사들에 의해 수행되고 있다.

밴 홀시머 박사는 "여러 회교 국가들에서는 회교 지도자들이 정치 세력과 연결되어 있다. 회교의 부흥은 결정적으로 선교의 열심을 불러일으켜서 수백 만의 사람들을 그들의 종교 영향권 아래로 들어오게 했다."고 우려하고 있다. 그 예로 회교의 전파를 위해 새로운 텐트메이킹 단체가 조직되는데, '타블릭히 자마아트' 혹은 '전도협회'로 이름 짓고 그 본부를 파키스탄에 두었다. 이 단체의 목표는 자기 나라의 백성이 알라신에게 돌아와 기도와 금식, 전도와 구제와 성지 순례, 코란경을 읽는 일에 더욱 열심을 내는 믿음을 갖도록 함으로써 회교신앙의 강화를 꾀하는 것이었다. 그 단체는 또한 회교 신앙을 전세계에 전파할 목표를 세웠다.

평신도 자비 선교 운동을 펼치는 이 단체의 회원들은 지금 자비로 선교하기를 다짐하고 있는데, 심지어 차 한 잔도 값없이 마시지 않을 각오를 하고 있다. 그들은 매년 한 달씩 자신의 시간을 내서 회의에 참석하고 팀을 짜서 전도 여행을 하고 있다.

하버드대학교에서 석유 엔지니어링을 공부하기 위해 메카에서 온 한 학생의 이야기가 있다. 그는 주말에 어떤 크리스천의 집에 초대를 받았다. 이른 아침에 그는 주인집 침실 문을 두드려서 메카가 어느 방향에 있는지 물었다. 메카를 향해 기도하기 위해서였다. 그는 또한 만나는 사람마다 회교에 대해서 이야기하기 시작했다. 회교도들은 그들의 열심으로, 크리스천들을 부끄럽게 만드는 일이 종종 있다.

공산주의 역시 일반 선전원들을 통해서 그들의 사상을 유포했다. 이 운동은 텐트메이커들을 통해서 그 이론을 유포하는 영적인 원리를 비슷하게 채용했다. 과거 구 소련과 중국의 학생들은 아프가니스탄의 카불대학교로 유학을 갔다. 그들은 이 대학교에 학문을 습득하기 위해 온 것이 아니었다. 그 학생들은 자기 나라의 공산주의를 유포하기 위해 온 선전원들이었던 것이다. 얼마 가지 않아 카불대학교 학생들 대부분이 공개적으로 자신을 공산주의자라고 선언하기에 이르렀다. .

몰몬교도들도 텐트메이킹의 원리를 사용해서 그들의 종교를 전파하고 있다. 현재 자기 생애의 2년을 선교사로 헌신하는 몰몬교 젊은이들이 2만6천5백 명이나 된다. 대개 자기 자신이 직접 선교비를 부담하거나 그들의 가족들의 후원을 받아 일하고 있다. 때문에 솔트레이크시에 있는 그들의 본부에서 부담하는 비용은 무시해도 좋을 만한 소액이다. 본부에서도 언어가 다른 나라에 선교사로 가고자 하는 젊은이들을 위해 특별 외국어 강좌를 제공하고 있다. 이 선교사들은 대략 그들이 만나는 1천 명의 낯선 사람들 가운데서 1명을 개종시키는 성공율을 보이고 있다. 예를 들면 영국에서 1천 6백 명의 선교사들이 활동을 해 오고 있는데, 몰몬교도들의 수가 13년 전에 9천5백 명이던 것이 8만 명으로 증가했다.

카터 전 대통령이 3천 명의 선교사를 파송한 미국 남침례교총회(Southern Baptist Convention)에서 연설하는 중에 몰몬교 선교 운동을 언급하면서 이렇게 말했다. "우리가 가진 가능성에 비해 우리가 성취한 것은 참으로 적다." 이 말은 크리스천이 가슴 깊이 새겨야 할 말일 것이다.

여호와의증인들의 모든 회원은 모두 목사로 간주된다. 이것이 바로 그들이 거리마다 집집마다 그처럼 광범위하게 활동을 하는 이유이다. 그들은 지금 20여 개 나라에 대략 200만 명이 넘는 신도들을 갖고 있다. 그들은 주로 텐트메이킹의 원리를 열성적으로 사용하고 있다.

캐네스 박사는 라틴 아메리카선교회(the Latin America Mission)의 책임자로 있을 때, 당시 사용하고 있던 방법들을 가지고 선교를 한다면 코스타리카같이 작은 나라를 복음화 하는데도 수백 년이 걸리게 되리라는 것을 깨닫게 되었다. 그는 회교와 공산주의, 몰몬교를 전파하는 방법들과 여호와의 증인들의 아이디어를 연구하기 시작했다. 논문에서 제시한 그의 연구 결과는 어떤 운동이든 소속 회원 전체를 얼마나 동원해서 그 가르침들을 지속성 있게 전파하느냐에 따라서 성공율이 결정된다는 것이었다. 이 원리로부터 그는 심층 전도(Evangelism in Depth)를 개발했다. 이 심층전도는 'Evangelism In Depth', 'New Life for All' (모두를 위한 새 삶), 'Here's Life' (현재의 삶), 혹은 'Saturation Evangelism' (침투 전도) 등 여러 명칭으로 불려 왔다. 스트레이천 박사의 성공적인 전도 활동에 교회의 모든 평신도들을 자비 전도자로 동원하는 일의 중요성을 깨닫게 되었다. 지혜롭게도 그는 텐트메이킹의 영적인 원리를 채용한 비기독교 운동들로부터 배워 전도에 적용했던 것이다.

6. 성령이 내게 명하사… 가라

성령이 내게 명하사… 가라
사도행전 11 : 2

1937년 봄 다른 크리스천들과 함께 나는 아프가니스탄 교사로 지원서를 제출했다. 이것은 나의 생애를 인도하시는 주님의 뜻에 일치되는 것 같았다.

나는 구 소련의 코사서스 지방 국경에서 8마일 밖에 안 떨어진 이란의 타브리즈에서 선교사의 가정에 태어났다. 소년 시절에 그곳 교회의 크리스천들이 동쪽으로 1천 마일이나 떨어진 아프가니스탄에 복음의 문이 열리도록 기도하는 것을 기억하고 있다. 내가 회심한 날을 정확히 기억할 수는 없으나, 12살 때 신앙을 고백하고 교회에 가입하게 되었다.

고등학교와 대학교를 다니기 위해 미국에 왔고, 미국이 제 2차 세계대전에 가담했을 때는 프린스턴대학교 2학년에 재학 중이었다. 수많은 청년들이 군에 입대하였기 때문에, 기독대학생회는 형제 간사들을 필요로 했다.

대학에서 목사가 될 준비를 하고 있을 때인 1943년, 대학생들을 위해 주말에 뉴욕 주와 뉴잉글랜드에 있는 여러 대학을 방문하는 일을 맡아 달라는 부탁을 받았다. 이 일은 내가 신학교에서 공부하는 동안에도 계속되었다.

기독학생회 총무 스테이시 우드스가 프린스턴대학교를 방문했을 때, 그는 너무나 많은 인터뷰를 했기 때문에 함께 만나 이야기할 수 있는 시간이 없었다. 결국 기차표를 사서 다음 정거장까지 그와 함께 동행하는 것으로 만족해야만 했다. 나는 점점 높아져 가는 선교에 대한 관심사를 짧은 시간이지만 그와 함께 나누었다.

당시 제 2차 세계대전이 끝나감에 따라 크리스천들은 전세계를 복음화할, 전에 없던 기회를 가지게 되었다. 그리고 이 일에 학생들이 중요한 몫을 담당할 수 있을 것으로 예상되었다. 그런 생각을 갖고 있던 중 놀랍게도 나는 미국과 캐나다를 담당할 기독대학생회 선교비서로 임명받았다. 1945년 봄 시카고로 가서 이 새로운 임무를 맡게 된 것이다. 아직 학생의 신분이었기 때문에 시카고대학교 내에서 지낼 자격을 얻을 수 있었다.

거기서 나는 미국에 와 있는 외국인 학생들에게 복음을 전할 수 있는 엄청난 기회에 눈을 뜨게 되었다. 역시 기독대학생회 간사였던 밥 핀리가 인터내셔널 하우스로 이사해서 나와 함께 지내게 되었다. 우리는 여러 외국에서 온 학생들이 예수 그리스도를 아는 구원의 지식에 쉽게 이르는 것을 보았다. 뒤에 밥 핀리는 '외국인학생협회'(I.S.I.; International Students Incorporated)를 창설하게 되었다.

1886년 여름에 미국 매사추세츠주의 버몬트에서 무디와 와일더의 주도 아래 학생자원자운동(the Student Volunteer Movement)이 시작되었는데, '세계의 복음화는 이 세대 안에'가 운동의 목표였다. 하나님께서는 로버트 스피어와 존 마트, 새뮤얼 즈웨머 같은 지도자들을 일으켜 세워 주셨다.

나의 부모님을 포함한 수천 명의 일꾼들이 이 운동의 영향을 받아 세계의 선교 현지로 향했다. 그러나 1차 세계대전 이후 새 지도자가 이 운동을 맡으면서 성경에 대한 비판적인 견해를 받아들였기 때문에 학생자원자운동은 본래의 선교 비전을 잃어버렸고, 끝내는 투표로 이 운동 자체를 폐지시키게 된다. 그나마 1936년에 또 다른 단체인 학생외국선교협회(the Student Foreign Missions Fellowship)가 조직되어 젊은이들에게 계속해서 세계 복음화의 필요성을 가지고 도전하게 된다.

1945년에 이 운동과 기독대학생회가 통합하여 선교 부분을 담당하게 된다. 이 통합은 '컬럼비아 바이블 칼리지'의 설립자였던 로버트 맥퀼킨 박사와 학생외국선교협회의 창립위원이었던 윌버트 노튼의 도움을 크게 입었다. 따라서 나는 신학교를 졸업한 후에 이 통합된 단체의 선교비서로 전념해서 일할 수 있게 된 것이다.

하나님께서는 과거에 4년마다 열린 학생자원자운동의 선교 대회를 강력하게 사용하셨기 때문에, 그와 비슷한 대회를 계획해야 한다는 생각이 우리 마음에 있었다. 제 2차 세계대전이 거의 끝나갈 무렵 닫혀 있었던 선교 대상 지역들이 하나씩 열리게 되었다.

우리는 세계 곳곳에 선교의 기회가 산재되어 있다는 것을 깨닫고, 주님께서 추수할 일꾼들을 택하여 보내 주시도록 기도할 것을 학생들에게 요청했다. 나는 캐나다와 미국의 여러 대학교를 돌아다니며 학생들에게 이 필요성을 제시하고, 1946년 토론토대학교에서 열릴 예정이었던 선교추진대회(the Convention for Missionary Advance)에 올 것을 도전했다.

1946년 3월 캐나다의 알버타주 스리 힐스에 있는 Prairie Bible Institute를 방문할 일이 생겼다. 철야 기도를 통해 하나님께 그의 택하신 일꾼들을 불러 주시기를 간구하고, 또한 주님께서 내가 무슨 일을 하기를 원하시는지 좀 더 분명히 알아 볼 결심을 하게 되었다. 나는 그 날 밤 시간을 30분 단위로 나누어 성경 연구와 기도를 번갈아 진행했다. 창세기부터 요한계시록까지 성령의 인격과 사역을 더듬어 찾아서 연구할 때가 가장 축복된 성경 연구 시간이었다고 고백했던 로버트 와일더의 글이 생각났기 때문이다. 이런 성경 연구는 참으로 풍성한 은혜를 얻게 해 주었고, 또한 삼위일체 가운데 제 3위이신 성령의 인격과 그의 하시는 일을 좀 더 분명히 깨닫게 해 주셨다.

날이 밝아올 때까지 나는 기도하는 중에 주님께서 나를 어떻게 사용하실지 알려 주시기를 간구했다. 내 마음속에서 주님이 "네가 나를 위해서 무슨 일이라도 기꺼이 하겠느냐?" 하고 물으시는 것을 느꼈다. 그렇다고 대답했을 때 주님이 또 다시 "나를 위해서 기꺼이 죽을 각오도 되어 있느냐?" 하고 물으시는 것을 느꼈다. 나는 "주님, 주님께서 저를 위하여 죽으셨으니, 저도 주님을 위하여 기꺼이 죽을 것입니다." 하고 기도했다. 뜻밖에도 성령의 세례를 받는 순간 하나님의 권능이 물결처럼 내 위에 임했다. 그리고 아침 집회에서 학생들에게 메세지를 선포할 때, 하나님께서 새로운 방법으로 역사하셨다. 이전 어느 때보다도 더 많은 학생들이 나의 도전에 반응을 보였다. 그 이후로 선교 대회를 치르는 동안 우리는 예산 부족으로 고통을 받았지만, 하나님께서는 우리의 모든 필요를 채워 주셨다.

그 다음 선교 대회에서는 또한 우리가 교회의 주류에서 벗어난 일을 도모한다고 비난하는 자유주의자들의 공격을 받게 되었다. 또한 분리주의 크리스천들은 "새뮤얼 즈웨머 박사를 강사로 초청하는 것을 취소하지 않을 경우 선교 대회를 거부하겠다."고 위협해 왔다. 왜냐하면 그들이 즈웨머 박사가 그의 책에서 칼 바르트의 글을 인용한 것을 찾아냈기 때문이다. 이 어려운 문제를 원만하게 해결하기 위해서 즈웨머 박사는 정중하게 기독대학생회의 신앙 고백에 동의한다는 서명을 하고 나서 선교 대회는 계속 진행될 수 있었다. 그들의 위협은 단지 위협으로 그쳤다. 그런데 선교 대회 직전에 주 강사 중 하나로 인도에서 온 바크트 씽이 얼음판에 넘어져서 오른쪽 팔꿈치에 골절상을 입었다. 그는 의사들의 허락을 얻어 메시지를 전한 후에 수술을 받고자 했다. 그러기 위해서는 엄청난 고통을 참아내야 했다. 하지만 그는 오히려 "이 고통으로 인해 매일 밤잠을 잘 수가 없어서 학생들의 삶을 통하여 하나님의 뜻이 이루어지도록 기도를 더 많이 할 수가 있었다."고 회고했다.

선교 대회에 참석했던 575명의 학생 가운데 절반 이상이 실제로 세계 곳곳의 선교 현장에 갔음을 보여 주고 있다. 선교 대회를 통해서 6명의 텐트메이커들이 1947년, 교사로서 입국 허가를 받아 아프가니스탄에 갔다.

이때 나도 아프가니스탄의 교사 지원서를 제출하는 쪽으로 인도하시는 주님의 손길을 느꼈다. 그러나 나의 가장 절친한 크리스천 친구들 가운데 몇몇 나를 설득하여, 그 일을 막고자 했다. 그들은 복음을 전파할 자유가 없는 폐쇄적 나라에 간다는 것은 무모한 일이라고 만류했다. 그들은 차라리 자유롭게 복음을 전할 수 있는 나라에 가서 일하다가 아프가니스탄에 문이 열리면 그때 가라고 충고했다. 그러나 나는 하나님께서 무슨 일을 예비하고 계신지 모른다고 고백했다. 베드로처럼 내가 할 수 있었던 대답은 '성령이 나더러 가라신다'는 것뿐이었다.

7. 마르코 폴로, 그대를 따라서

*믿음으로 아브라함은 부르심을 받았을 때에
순종하여 장래 기업으로 받을 땅에 나갈쌔
갈 바를 알지 못하고 나갔으며*

히브리서 11 : 8

1947년 봄 나는 아프가니스탄에 교사 지원서를 보냈지만, 여러 달 동안 아무 소식도 듣지 못했다. 그곳으로 부르시는 것을 확신했던 만큼 기독대학생회의 선교 비서직을 사임한 상황이었다. 지원서에 대한 결과를 기다리는 기간이 계속 늦어졌기 때문에 스코틀랜드의 에딘버그대학교에서 회교학 전공 박사과정을 시작할 대안을 세웠다. 이 공부는 아프가니스탄에서 진행할 일을 위해 좀 더 준비를 하는 차원에서 계획한 것이었다.

퀸 엘리자베스 호를 타고 영국으로 출발하던 바로 그 날, 아프가니스탄에서 개인 면접에 응하라는 편지가 집에 도착했다. 스코틀랜드에 도착한 후 그 통지를 받아 볼 수 있었다. 비록 박사 과정을 시작했지만, 아프가니스탄의 교사 자리를 확실히 얻을 수 있다면 기꺼이 공부를 중단하고 가겠다는 답장을 보냈다. 다시 받은 통지에는 지원자들이 많으니 일단 공부를 마친 다음에 오라는 내용이 담겨 있었다.

스코틀랜드에서 공부를 하면서 여러 외국인 학생들을 만날 수 있었다. 놀라운 사실은 그들이 우정에 굶주려 있다는것이었다. 무엇보다도 감사한 것은 그들이 예수 그리스도의 사랑에 대해서 듣고자 하는 마음을 가지고 있다는 것이었다.

네비게이토의 도우슨 트로트먼의 도움으로 제자 훈련의 중요성을 깨닫게 된 나는 기도하는 중에 일곱 학생을 택해 매주 한 시간씩 개인적으로 만나 성경 공부를 진행했다. 그 당시 하나님께서 그들의 생애를 통해 무슨 일을 하실지 깨닫지 못하고 있었다. 하지만 그들은 지금 자신의 조국으로 돌아가서 영향력 있는 크리스천 지도자로 활동하고 있다.

1948년 봄학기는 영국의 캠브리지대학교에서 보내게 되었다. 그곳에서 나는 회교에서 기독교로 개종한 청년 한 명을 만날 수 있었다. 그는 예전에 배웠던 성경에 대한 고등 비평적인 견해로 무척 혼란을 겪고 있었다. 우리는 함께 깊은 교제의 시간들을 가졌고, 이후 그도 역시 하나님의 깊은 은혜로 크리스천 지도자가 되었다. 그때는 그가 이란의 성공회 감독이 되리라고는 생각지도 못했다. 외국에 유학가서 얻은 이 모든 경험은 크리스천 학생들이 세계 곳곳의 대학교 캠퍼스에서 복음을 전해야 할 소중한 임무에 대해 눈을 뜨게 해 주었다.

아프가니스탄 선교의 시작

아프가니스탄에 최초로 도착한 크리스천 텐트메이커는 딕과 베티 부부였다. 아프가니스탄의 교사직을 위해 제출한 지원서가 심의에서 통과되었다는 통지를 받은 후에 딕은 풀러 신학교 공부를 그만두고 베티와 함께 1948년 겨울 카불로 향했다. 실제로 그들은 13세기에 아프가니스탄을 거쳐 중국으로 향했던 마르코 폴로의 전통을 따른 것이다. 마르코 폴로는 비록 무역업자였지만, 자비로 그리스도를 전파한 전도자이기도 했다. 왜냐하면 그의 여행 동기가 아시아 지역을 복음화하는 데 있었기 때문이다.

복음의 문이 닫혀진 나라로 아프가니스탄이 계속 남아 있게 된 것은 정치적인 이유 때문이었다. 영국이 인도 대륙을 점령하면서 자신들의 세력을 확장시켰고 중앙아시아로 세력을 확장시키고 있던 소련과 '큰 게임'을 벌이게 된다. 이런 이유로 아프가니스탄은 이 두 강대국 사이의 '완충지대'가 되었다. 결국 선교사뿐만 아니라 사업가들과 여행자들까지도 이 지역에 들어갈 수 없게 된 것이다. 이 고립정책은 자유를 사랑해서 자국의 정책과 외교에 방해받는 것을 원치 않던 아프가니스탄 사람들의 열망과 부합되었다. 선교사들이 여러 해 동안 국경에서 기도하며 일해 왔지만, 그 땅에 들어가서 일하며 복음을 전하는 것은 계속해서 거부되었다.

스코틀랜드의 명문 가정 출신 플로라 데이비슨 양은 인도의 북서부 국경에서 여러 해 동안 독립 선교사로 일해 왔다. 데이비슨 양은 「감추인 대로」(The Hidden High way)라는 제목의 책을 썼는데, 이 책에서 그녀는 "아직 알려진 것은 아니나 복음의 문이 닫혀진 아프가니스탄에 결국 복음이 들어 갈 입구가 열리게 될 것을 믿음으로 알고 있다."고 진술하고 있다.

딕과 베티 사더버그가 아프가니스탄 정부의 초청으로 교사로서 그 나라에 들어감으로써 '감춰진 큰 길' 인 아프가니스탄에서 전개될 새로운 텐트메이킹 사역이 펼쳐지고 있었다.

　마르코 폴로가 그리스도를 위한 무역인으로서 거의 7세기 전에 아프가니스탄을 지나간 것과 마찬가지로 이제 자비 선교사들이 그의 텐트메이킹 전통을 따라서 이 땅에 다시 들어가기 시작한 것이다. 이것은 '마르코 폴로, 그대를 따라서'(After you, Marco Polo)의 한 실례였다!

8. 심히 아름다운 땅

우리가 두루 다니며 탐지한 땅은 심히 아름다운 땅이라
여호와께서 우리를 기뻐하시면
우리를 그 땅으로 인도하여 들이시고 그 땅을 우리에게 주시리라
민수기 14 : 7, 8

나는 주께서 원하신다면 평생을 기꺼이 독신으로 지내겠다고 기도한 적이 있다. 그러나 토론토대학교에서 가진 선교 대회에서 주님의 섭리 가운데 아내 베티 허튼을 만났다. 베티는 자유주의 교회에서 성장하면서 구원의 확신이 없었으나, 선교 컨퍼런스에서 그리스도를 주님으로 영접하는 체험을 했다. 베티는 사범학교에서 초등학교 교육을 전공하여 캐나다의 한 공립 초등학교에서 담임을 맡고 있었으며, 기독교사협회(Teacher's Christian Fellowship)의 대표 회원으로 선발되어 선교 대회에 참석했던 것이다. 그녀는 선교 대회에서 '회교 국가에서 어린이 사역을 할 수 있는 문이 열렸다'는 즈웨머 박사의 이야기를 듣고 아이들을 가르칠 수 있는 기회에 대해서 묻고자 나에게 다가왔다. 베티를 본 나는 첫눈에 반하게 되었다.

결국 우리의 관계는 진전되었고, 결혼 문제를 놓고 주님의 뜻을 구한 다음, 1년 반 후에 약혼을 하게 되었다. 뒤에 알게 되었지만 베티도 주님의 뜻이면 평생에 독신으로 지내겠다는 기도를 드린 적이 있었다고 한다.

그러는 동안 딕과 베티 부부 외에 다른 크리스천들도 아프가니스탄에 교사로 들어 갔다. 이들은 모두 아프가니스탄의 하비비아대학에서 가르쳤는데, 이 대학은 그 나라에서 가장 오래된 학교였다.

딕은 남부캘리포니아대학교에서 엔지니어링 교수로 일한 경험이 있었기 때문에 아프가니스탄에 일류 기술학교를 설립할 필요성을 재빨리 간파했다. 딕은 아프가니스탄 정부 문교성에 제출할 학교 설립 청원서를 작성하고, 1948년 7월 31일 정부와 계약을 체결됐다. 딕은 새로 설립될 학교의 교장으로 지명되어, 교사진의 확보와 함께 도서와 실습 장비 마련을 위해서 미국에 돌아갈 임무를 맡게 되었다. 아프가니스탄 정부는 학교 부지를 제공하고 그 위에 학교 건물을 세워 주겠다고 동의했다. 부지와 건물이 마련되고 교사진이 확보되면 1951년 3월에 개교될 예정이었다. 아프가니스탄 정부는 또한 딕의 가족이 이 일을 위해서 미국에 다녀올 여비를 제공하기도 했다.

미국에 온 딕은 '아프가니스탄 기술학교 법인'이라는 이름의 비영리 법인체를 조직해서 모금 활동에 들어갔다. 이 법인체는 로스엔젤레스의 헌신적인 엔지니어인 휴고 윈터 씨가 주도하는 이사회에 의해서 운영되었다. 1949년 5월 24일자 〈뉴욕 타임즈〉(New York Times)에는 '아프가니스탄에서 교사들을 찾는다'는 제목 아래 교사진의 필요성을 강조한 기사가 실리기도 했다.

1950년 초에 이르러 딕은 필요한 교사를 거의 확보하고, 새 학교를 위한 도서와 실습 장비와 교육 기재를 구입할 상당한 금액을 모았다. 확보된 교사 지원자들은 모두 다 각 분야에 해당 자격을 갖춘 복음적인 크리스천들이었다. 이때 딕은 나를 영어교육과 책임자로 초빙했다. 그 당시 나는 컬럼비아 사범대학(Columbia Teachers College)에서 언어학 공부를 마치고 제 2외국어로 영어교육 과정들을 택한 상태였다. 베티는 교사를 그만두고 뉴욕 시에 있는 비블리칼신학교에 입학했다.

우리는 리버사이드 가에 있는 인터내셔널하우스에 살면서 세계 곳곳에서 유학온 외국인 학생들과 함께 매주 한 번씩 모이는 성경 공부를 시작할 수 있었다. 이 일은 사감의 허락을 받아야만 했는데, 처음에는 완강히 반대했으나 결국 허락을 받게 되었다. 하나님께서는 외국 학생들의 심령 속에서 역사 하셨다. 주말을 이용해서 허드슨 강의 아름다운 서편 언덕 위에 자리잡고 있는 한 작은 장로교회를 담임하기도 했으며, 프린스턴대학교 캠퍼스에서 성경 공부반을 인도하기도 했다.

1950년 6월에 베티와 나는 어느 때라도 아프가니스탄에 갈 것을 기대하며, 캐나다의 몬타리오 주 해밀턴 시에서 결혼식을 올렸다. 그러나 우리의 떠날 날은 자꾸만 지연되었다. 지연되는 동안에 하나님께서는 우리에게 큰 격려가 되는 성경 구절 하나를 깨우쳐 주셨다. 우리는 함께 가정예배를 드리는 동안에 민수기 14장 8절의 "여호와께서 우리를 기뻐하시면 우리를 그 땅으로 인도하여 들이시고 그 땅을 우리에게 주시리라."는 말씀에 이르렀다. 우리는 성경이 가르치는 대로 하나님이 그의 사랑하시는 독생자 예수 그리스도 안에서 우리를 받으신 것을 알고 있었다. 그러므로 우리는 예수 그리스도가 우리의 구주이시기 때문에 하나님이 우리를 기뻐하신다는 것을 확신할 수 있었다. 그처럼 떠날 날짜가 지연되어 실망할 수밖에 없는 상황이었음에도 불구하고 우리는 하나님께서 아프가니스탄 사람들에게 복음을 전할 수 있도록 그 나라에 들어갈 문을 우리 앞에 열어 주실 것을 믿고 기도하고 있었다.

지루하게 기다리는 동안에 나의 어머니는 '신부가 배고프다고 하면 어떻게 할 것이냐' 는 의미 있는 질문을 하셨다. 아프가니스탄에 간다는 것은 좋은 계획이었으나, 그곳에 교사직을 얻어 갈 때까지는 가정에 대한 새로운 책임을 져야만 했다. 이렇게 해서 임시 직업을 찾기 시작했다.

펜실베니아 주에 있는 어떤 복음적인 교회에서 나에게 청소년 교역자 자리를 제의해 왔다. 그러나 적어도 2년 이상 일을 해야 된다는 조건이 붙어 있었다. 나와 아내는 아프가니스탄에 갈 하나님의 소명을 받았으므로 언제든지 문이 열리기만 하면 떠나야 한다고 말했다. 결국 그 교회는 다른 사람을 구하기로 했다.

그 후 뉴욕주의 제일장로교회의 허버트 미킬 박사가 이스트 글랜빌에 세워진 한 개척 교회를 맡아 달라는 부탁을 해 왔다. 나는 그에게 아프가니스탄에 갈 길이 열리면 언제든지 떠나고 싶다는 뜻을 전했다. 그의 대답은 "하나님께서 아프가니스탄의 문을 열어주실 때가 바로 떠날 때라고 생각합니다. 그러나 몇 주간이든지 아니면 몇 달간이라도 와서 우리를 돕다가 하나님이 그 길을 열어주실 때 떠난다면, 우리 교회와 이 개척 교회 성도들이 뒤에서 기도해 줄 것입니다." 하는 것이었다. 따라서 베티와 나는 그 교회에 가서 8개월 간 일하며 기쁜 나날을 보냈으며, 헌신적인 크리스천들과 사귈 수 있었다. 그들은 이후 여러 해 동안 기도와 헌금, 또한 사람들을 직접 보내어 아프가니스탄에서 진행되는 하나님의 일을 도와주었다. 떠날 날짜가 지연된 이유 가운데 하나는 딕이 교사들의 고용 계약과 그 밖의 문제들을 놓고 협의하기 위해서 되돌아가기 전 학교 운영에 대한 아프가니스탄 정부의 확답을 듣지 못했기 때문이었다. 교사로 가기로 한 사람들은 모여서 기도의 날을 갖고, 하나님께서 해결해 주시기를 간구했다.

하나님께서는 이 기도 모임 후에 즉시 응답해 주셨다. 딕은 카불에 돌아갈 비행기 표 한 장을 워싱턴디씨에 주재하고 있던 아프가니스탄 당국자로부터 받게 된 것이다. 그 후에도 우리는 매일같이 딕과 그 협상할 일을 위해 15분씩 기도하기로 했다. 새로운 계약은 결국 1951년 1월 23일에 체결되었다. 이 계약과 함께 교사진이 아프가니스탄에 가서 계획대로 학생을 맞을 준비를 할 수 있었고, 1951년 3월에 새 학교를 열 수 있었다.

그러나 우리가 스키넥터디 지역에 있는 동안 아프가니스탄에 있는 딕으로부터 실망스러운 내용의 편지가 날아왔다. 하비비아에서 가르치고 있던 어떤 이름뿐인 크리스천 부부가 나의 부모가 이란에서 선교사로 일했던 것을 알고 정부 당국에 우리도 아프가니스탄에서 부모와 똑같은 일을 할 것이라고 고발했다는 것이었다. 자기들이 정복한 나라의 사람들을 강제로 개종시키는 종교 정책을 펴왔던 아프가니스탄 회교도들은 크리스천 국가도 똑같은 행동을 취할 것으로 생각했다. 이러한 이유로 그들은 아프가니스탄 국경을 따라 흩어져서 일하고 있는 영국 선교사들을 영국군의 종교 부대로 간주했던 것이다.

'선교사' 라는 용어가 그들에게는 정치적인 의미를 포함하고 있었다. 따라서 딕은 우리가 그곳에 간다면 전체의 학교 운영 계획을 위태롭게 할 수도 있다고 설명했다. 그는 3년에서 5년 정도가 지나야 아프가니스탄 정부 당국이 들었던 사실을 잊어버릴 것으로 추정했다. 할 수 없이 내가 맡게 되어 있던 자리는 다른 사람에게 넘어가게 됐다.

또 한번 우리는 이 문제를 놓고 주님께 기도하게 되었다. 낙심스러웠지만, 주님께서 그의 뜻을 이루실 것을 믿었다. 또한 우리는 그의 기뻐하시는

때가 이르면 우리를 그 땅으로 인도하셔서 마침내 그리스도의 복음을 전파
케 하실 것으로 믿었다.

1951년 3월 프랭크 로백 박사는 교사팀을 이끌고 아프가니스탄에 가서
문맹 퇴치를 돕도록 초청을 받았다. 유엔의 조사에 따르면, 그 당시 아프가
니스탄의 국민 가운데 97퍼센트가 글을 읽거나 쓰지 못하는 것으로 나타나
있던 상황이었다.

필리핀에 선교사로 다녀왔던 로백 박사는 그곳 교회의 크리스천들 가
운데 문맹자가 많다는 것을 직접 체험할 수 있었다. 현지인들이 영적으로 성
장하고 경제적으로 자립할 직업을 얻기 위해서는 글 읽는 법을 배워야 할 필
요가 있었다. 그는 알파벳의 글자들을 동일한 상징과 음으로 시작하는 그림
을 연상시키는 단순한 언어 습득 방법을 개발했다. 이와 같은 연상법을 통해
사람들은 그들의 언어를 아주 쉽게 배울 수 있었다. 그의 연상법은 수백 종
류의 언어에 적용되었고, 이 방법을 통해서 글 읽는 법을 배운 사람의 수가
100만 명을 넘을 것으로 추산되었다.

로백 박사는 나의 아버지를 팀에 초청했다. 왜냐하면 이란에 선교사로
갔던 나의 아버지가 아프가니스탄에서 통용되는 언어 중 하나인 퍼시아 어를
구사할 수 있었기 때문이다. 그팀은 아프가니스탄에 28일 밖에 머물지 않았
으나, 두 주간에 그들은 다리 어(Dari, 아프가니스탄에서 통용되는 퍼시아 방
언)와 파쉬투 어(Pashtu)로 6권의 언어 입문서를 만들어 냈다. 그 다음 14일 동
안 그들은 글을 모르는 군인들에게 글을 가르치는 방법을 보여 주었다.

로백 박사가 이루어 낸 일에 대한 답례로 아프가니스탄 왕은 외국인에
게 수여한 것 중에 최고의 영예를 담은 훈장을 수여했다. 작별 만찬에서 문
교성 장관은 로백 박사에게 가능성이 있는 영어 교사를 알고 있는지 물었다.

아프가니스탄에서 영어 교사들을 더 많이 필요로 했기 때문이다. 로백 박사는 물론 내 이름을 말해 주었다. 이렇게 해서 문교성 장관은 내 이름과 주소를 알게 되었고, 이후 나는 아프가니스탄의 하비비아기술고등학교에 와서 영어를 가르쳐 달라는 초청장을 받게 되었다. 이 초청은 아프가니스탄 정부로부터 직접 온 것이었기 때문에 곧장 아프가니스탄 기술학교로 갔을 때 생길 수도 있었을 부담에서 완전히 자유롭게 되었다.

그 당시 아프가니스탄에 기술학교를 설립하는 데 엄청난 어려움들이 있었음에도 불구하고 하나님은 놀라운 은총을 베풀어 주셨고, 학교의 운영은 시작부터 성공적이었다. 교사들이 모두 전공 분야에 훌륭한 자격을 갖춘 크리스천이었기 때문이다. 나중의 일이지만 그 학교에서 공부한 학생들은 후에 그 나라 안에서 요직을 얻거나 해외의 대학을 찾아서 유학을 떠났다. 〈리더스 다이제스트〉(Reader's Digest)에 실린 한 기사는 아프가니스탄 기술학교에 대한 흥미있는 이야기를 담고 있다.

교사들이 모두 복음주의적인 크리스천들이었기 때문에 여러 미국 정부 관리들의 입장에서는 마음에 걸렸을 것이다. 현지의 미국 대사관 직원 하나는 '아프가니스탄 기술학교의 크리스천 교사들은 여기서 소련 공산주의자들보다도 더 무서운 위협이 될 수도 있다'고 얘기했다. 그들의 염려는 아프가니스탄 같은 회교 국가 안에 거듭난 크리스천들이 들어와 있다는 것이 알려지면 격렬한 반발이 일어나지 않을까 하는 것이었다.

미국 정부는 교장이나 교사회와 의논도 없이 아프가니스탄 정부에 기술학교의 자금 지원을 해 주겠다는 제의를 해 왔다. 아프가니스탄 당국자들은 미국이 이 학교를 도와 주겠다는 제의를 기쁘게 받아들였다.

이렇게 해서 1955년 미 국무성은 와이오밍대학교(Universtyy of Wyoming)와 계약을 맺고 더 많은 수의 교사들을 보내 아프가니스탄 기술학교에서 가르치게 되었다. 이 계약 아래 새로 들어온 모든 교사들과 또한 계약 연장을 원하는 교사들은 와이오밍대학교에서 제시하는 계약서에 서명해야 했는데, 그 계약서에는 다음과 같은 조건이 들어 있었다. '고용인들은 아프가니스탄 시민들을 개종시키는 일에 관여해서는 안 되며, 항상 미국이 신용을 얻을 수 있도록 행동해야 한다. 본대학교는 개종을 권유하는 행동을 한 개인에 대해서는 임용 계약을 해지할 수 있다. 그러한 일로 계약이 해제될 경우에는 그 고용인이 자기 자신과 가족이 미국으로 돌아가는 일체의 이사 비용을 부담해야만 한다.' 이 계약서의 문구가 기본적인 자유권에 비추어 볼 때 과연 합법적인가 하는 질문을 하자 와이오밍대학의 지원은 미 국무성의 고집으로 그런 문구가 삽입되었다는 답변을 해 왔다. 이후 미국 원조 프로그램(American Aid Program) 책임자는 학교를 인수받고 나서 공공연하게 "근본주의자들(fundamentalists)은 더 이상 임용하지 않을 것이다"라고 강조했다. 이러한 차별에도 불구하고 여러 세대의 크리스쳔 가족들은 이 학교를 위해 아프가니스탄을 향했다. 아프가니스탄 기술학교는 계속 유지되어 현재 카불대학교(University of Kabul)의 일부가 되었다.

딕의 뒤를 이어 기술학교의 교장으로 취임한 휴고 윈터는 "우리는 이 일이 정말 가치 있는 일이었다고 생각합니다. 여기에 '위대한 일들을 이루신 하나님께 영광을 돌립니다' 라는 말을 남길 수밖에 없다."고 이야기했다.

9. 그가 우리를 인도하여 들이시리라

너희를 부르시는 이는 미쁘시니 그가 또한 이루시리라
데살로니가전서 5:24

로백 박사의 문맹 퇴치팀과 함께 일한 후 아프가니스탄에서 귀국하신 아버지는 나를 아프가니스탄 대사에게 데리고 가서 내가 그곳에 가서 영어를 가르치도록 초청을 받은 일에 대해 이야기했다. 나는 계약서에 서명을 하기 전에 기독교 목사로 일한 사실을 언급해 두는 것이 지혜로운 일이라고 생각했다. 그는 내가 교사 자격증을 가지고 있기 때문에 전혀 문제될 것이 없다는 대답을 해 주었다. 아프가니스탄 대사는 더 나아가서 아프가니스탄에서 가르치고 있는 교사 대부분이 회교 사제이며, 기독교 목사가 아프가니스탄의 젊은이들을 가르치는 것도 좋은 경험이 될 수 있을 것이라는 얘기를 했다.

계약서 본문에는 '정치나 종교에 간섭해서는 안 된다' 는 조항이 들어 있었다. 나는 아프가니스탄 대사에게 이 조항의 의미를 좀 더 분명하게 설명해 줄 것을 요청했다. 아우러 학생이 나에게 종교적인 질문을 하면 어떻게 대답을 해야 하는지에 대해서도 말이다. 그의 말은 학생들의 질문에 대답해 주는 것은 교사로서 마땅히 해야 할 책임이라는 것이었다. 그는 덧붙여 이 문구가 회교의 이단 종파인 아마디이야 파(Ahmadiyya Sect) 대표들이 아프가니스탄 길거리에서 그들의 교리를 전파하다가 급기야는 폭동을 일으킨 것과 같은 불상사를 막기 위해 계약 조항에 삽입한 것이라고 설명해 주었다.

아프가니스탄으로 떠나기 4일 전 워싱턴디씨의 아프가니스탄 대사관으로부터 전화가 왔다. 직원의 말은 그 다음 날 대사가 나를 다시 만나기 원한다는 것이었다. 나는 곧 아프가니스탄으로 출발할 예정이었기 때문에 대사가 나를 만나기를 원하는 그 시간에는 베티와 내가 뉴욕에 가서 배로 책과 짐을 부칠 예정이라고 말했다. 그 대사관 직원은 내 말을 듣더니 "글쎄요, 가게 될 수나 있을지 모르겠군요." 라며 불투명한 대답을 했다. "계약이 모두 합의됐는데 무슨 말씀입니까?" 그의 말은 전화로 논의할 문제가 아니니 일단 다시 와서 대사를 만나보라는 것이었다.

그 날 밤 우리는 기도 후원자들에게 전화해서 이 일을 위해 간절히 기도해 줄 것을 부탁했다. 우리는 이미 교회에서 파송 예배를 드리고, 친구들에게도 작별 인사를 나누었다. 장인·장모님까지도 우리를 전송하기 위해서 일부러 캐나다로부터 와 계신 상황이었다. 이제는 모든 것이 수포로 돌아가고 절망의 구렁텅이로 빠지는 듯했다.

다시 만난 자리에서 대사는 아프가니스탄의 종교적인 상황을 설명하기 시작했다. 나는 그에게 아프가니스탄에 인접한 이란의 변경에서 자랐기 때문에 비슷한 회교 국가의 특성을 잘 알고 있다고 말했다. 더 나아가서 그에게 내가 그의 나라와 그의 백성을 돕기 위해서 가는 것이지 문제를 일으키기 위해 가는 것이 아님을 분명히 해 두었다. 이 점을 분명히 하고 나자, 대사는 확신을 얻은 듯했다. 잠시 나갔다가 들어온 대사는 선물을 건내 주며 나더러 아프가니스탄 수상에게 전달해 주라고 했다. 이미 우리 짐만 해도 정해진 한계를 넘었지만 그것을 거절할 수는 없었다. 나는 우리를 받아 주신 사실을 증거를 통해서 보여 주시는 데 대해 하나님께 또다시 감사드릴 수밖에 없었다.

몇 주 전, 미국 여권 갱신 신청을 하였으나 아직 새 여권을 받지 못하고 있었다. 출발할 날짜가 눈앞에 다가와 있었고, 베티와 나는 워싱턴디씨에 와 있었기 때문에 국무성에 들러서 여권을 혹시 다른 주소로 보내지는 않았는지 알아보려던 참이었다. 내가 여권 부서에서 받은 첫 번째 질문은 "복음을 전하러 아프가니스탄에 가려는 겁니까?"였다. 나는 "이 나라에 아직 종교의 자유가 없는 것으로 알고 있으나, 하나님께서 언젠가는 그 문을 열어 주실 것으로 믿습니다. 그 날이 올 때 나의 주님을 위해 복음을 전할 특권을 누릴 것입니다."라고 대답했다. 이에 여권 과장은 "그것이 바로 우리가 두려워하는 일입니다!"라며, 기독교 목사가 종교적으로나 정치적으로 아주 민감한 나라에 간다는 것은 아주 어리석은 일이라는 말로 아프가니스탄에 가는 일을 만류하고자 했다. 그들은 아프가니스탄 대사가 나의 아프가니스탄행에 대해 어떤 태도를 보였는지 물었다. 나는 방금 아프가니스탄 대사를 만나고 왔으며, 그가 흔쾌히 허락했다는 사실을 알려 주었다. 법규상 정부를 강제로 전복시키려는 사람들에게만 여권 발급을 거부할 수 있었기 때문에 그들은 마지못해 하면서도 여권을 내 주었다. 아프가니스탄 대사관 직원으로 일한 적이 있는 외교관 하나가 그 동안에 일어났던 일을 설명해 준 것은 내가 아프가니스탄에 도착한 이후였다. 그의 말에 따르면 여권을 신청했을 때, 미 중앙정보부 직원 하나가 나의 뒤를 추적해서 목사라는 사실을 발견했다는 것이다. 따라서 국무성은 아프가니스탄 대사관에 그 사실을 알리고 취소하도록 권유했던 것이다.

베티와 나는 예정대로 1951년 6월 25일 비행기로 뉴욕을 떠났다. 아프가니스탄에는 아직 민간 비행기 운항이 개시되지 않았기 때문에 파키스탄으로 향했다. 공항에 도착하자마자 키버 통로(Khyber Pass)를 지나 카불(Kabul)에 갈 육로 교통편을 알아 보았다. 교통 수단이라고는 트럭을 버스로 개조해서 딱딱한 나무의자를 설치해 놓은 것뿐이었다. 아내는 첫 아이 출산을 몇 달 앞두고 있었기 때문에 이런 교통 수단으로 여행한다는 것은 상당한 무리였다. 택시 운전사가 우리를 태워다 주겠다고 했으나 180마일(약 300킬로미터)에 그 당시 돈으로 거액인 200달러를 내라고 했다. 그의 말에 의하면 길이 너무 험해서 한 번 다녀오면 차를 완전히 수리해야 한다는 것이었다. 우리는 그만한 돈을 지급할 여력이 없었기 때문에 이 문제를 주님께 맡기고 기도하기로 했다.

우리가 딘스 호텔에 여장을 풀고 저녁을 먹고 있을 때, 어떤 사람이 우리 식탁으로 다가와 내 이름을 불렀다. 나는 국무성이 벌써 여기까지 추적했나 싶어 놀라운 생각이 들었다. 그 사람은 뜻밖에도 우리에게 새 차 한 대와 운전사가 준비되어 있으니 다음날 카불로 가라는 말을 했다. 저녁을 마친 후 호텔 매니저에게 가서 어찌된 영문인지 물어 보았다. 그는 나에게 유엔 전문가가 아니냐고 반문하는 것이었다. 아니라고 대답하자 그들은 내가 아프가니스탄에서 유엔의 임무를 마치고 귀국하는 사람인 줄 알았다고 설명해 주었다. 어떤 사람이 호텔에 와서 자기에게 유엔 전문가들이 왔느냐고 묻기에 내가 그 전문가라 생각하고 내 이름을 대 주었다는 것이다. 나는 지시했던 사람의 방으로 가서 우리는 유엔과 관계 없는 사람이라고 설명해 주었다. 그는 내 말을 듣고 놀라는 눈치였으나 정중하게 "아무튼 그 차가 카불로 돌아가는 길이니 그 차를 이용해도 좋다"는 말을 했다. 하나님이 우리의 기도를 들어 주신 것이다!

우리는 아침 일찍 출발해서 키버 통로를 지나 달렸는데, 카불에 도착한 것은 거의 자정이 다 된 시간이었다. 그곳의 호텔은 이미 문이 닫혀 있었다. 운전사가 문을 두드린 끝에 드디어 사람이 나와서 방으로 안내했다. 침대 홑이불에는 모기를 죽인 핏자국이 보였다. 그대로 있는 것을 보니 먼저 손님이 나가고 나서도 방을 치우지 않은 것이 분명했다. 그 도시는 말라리아(학질)에 걸릴 위험이 커서 입국했던 외국인의 약 반수가 이 질병에 감염되는 것으로 알려지고 있었다. 다음 날 어떤 크리스천 부부가 우리를 불러 거처를 구할 때까지 자기들과 함께 지내게 해 주었다.

나는 하비비아고등학교에서 150명의 학생들에게 영어를 가르치는 일에 착수했다. 학생들은 따뜻한 마음으로 감사하며 가르침을 받아들였다. 그들에게는 '너희의 선생님은 너희의 제 2의 부모이다' 라는 말이 있었다. 다른 크리스천 선생님 한 분과 나는 매일 아침 만나서 학생들의 명단을 놓고 그들 하나하나를 위하여 기도했다. 우리가 공개적으로 그들에게 예수 그리스도를 전할 수 있는 자유는 없었으나 그들을 위해 기도할 자유는 있었다.

이렇게 꿈이 현실화된 것은 아프가니스탄에 가기 위해 지원서를 낸 다음 4년이 지난 후였다. 기다리는 동안 하나님께서는 우리에게 민수기 14장 8절의 "여호와께서 우리를 기뻐하시면 우리를 그 땅으로 인도하여 들이시고 그 땅을 우리에게 주시리라."는 말씀으로 격려해 주셨다. 하나님은 신실하신 보살핌으로 우리를 아프가니스탄에 들어갈 수 있도록 준비시켜 주셨다. 그런데 우리가 깨달은 사실은 이것을 단순히 시작에 불과하다는 것이었다. 하나님께서는 우리에게 1973년까지 무려 21년 동안이나 아프가니스탄에 거주할 특권을 주셨다. 첫 4년 반 동안에 나는 아프가니스탄 정부와의 임용 계약에 의해서 교사로 일했고, 그 후에도 외국인 사회를 위한 목사 자격으로 허가를 받아 일하게 되었다. 우리는 그때 하나님께서 "우리의 온갖 구하는 것이나 생각하는 것에 더 넘치도록 능히 하실 수 있다."(엡 3:20)는 사실을 경험으로 깨닫게 되었다.

10. 현대의 자비량 선교사들

무엇을 하든지 다 하나님의 영광을 위하여 하라
고린도전서 10 : 31

다음은 텐트메이커에 관한 간략한 이야기이다. 그들의 실제 숫자는 이보다 훨씬 많으나, 여기에는 오늘날 세계 곳곳에서 텐트메이커들이 하고 있는 대표적인 사례 몇 개만 간추려서 소개하도록 한다.

군의관

아더 일리프는 제 2차 세계대전이 일어나기 전 인도의 북서부 국경 지대에서 근무하던 영국의 의료 선교사였다. 그는 와지리인들(Waziristan)이 사는 폐쇄된 지역에 들어가고자 했으나, 허가를 받지 못했다. 그러나 전쟁 기간 중에 그는 영국군의 군의관이 되어 와지리인 지역에 배치된 수천의 파단(Pathan) 군인들을 맡아 돌보게 되었다. 그는 이렇게 고백했다.

"내가 입은 옷의 색깔은 달라질지라도 그 옷을 입고 있는 내 속의 생각과 소망, 목적하는 것들은 여전히 변치 않고 남아 있다. 나는 이 모든 일 가운데 함께하시는 하나님의 손길을 보며, 선교의 길을 예비할 좋은 기회를 주신 주님께 감사드리고 있다."

메노파 영어 교사

중앙아시아에서 신분에 전혀 어울려 보이지 않는 한 젊은이를 만난 적이 있다. 처음 보는 순간 나는 그를 유대인 랍비쯤으로 생각했다. 긴 수염을 기르고 검정 모자와 검정 양복을 입고 있었기 때문이다. 그는 이름이 제임스 로우리이고, 미국 오하이오주에서 온 메노파 신자(Mennonite)로서 북부 파키스탄의 스와트주에 있는 국립 고등학교에서 영어를 가르치는 교사였다. 그와 그의 아내는 스와트주에 사는 학생들을 자기 집으로 데려다가 한번도 복음을 접하지 못한 그들에게 성경을 가르치고 있었다. 스와트주가 선교의 문이 닫혀진 회교 지역이라는 사실을 알고 있었기 때문에, 어떻게 해서 부부 모두가 다 그곳에 들어갈 수 있었는지 물어보았다. 그는 대답하기를 "저도 전에는 그 지역에 대해서 들어 본 적도 없었어요. 독일에서 영어를 가르치기 위해 풀브라이트(Fulbringt) 연구비를 청원했었는데, 이곳 스와트에 오게 되었어요."하는 것이었다. 이 크리스천 친구는 오늘날 하나님의 영이 텐트메이커들을 통해 선교의 문에 닫혀진 지역에 어떻게 복음이 들어가게 하는지를 보여 주는 또 하나의 예였다.

크리스천 엔지니어

중앙아시아에서 텐트메이커로 일하고 있는 크리스천 부부는 부요한 생활을 하는 가운데 주님이 주신 복음 전파의 사명을 수행하고 있었다. 엔지니어인 남편은 미국에서 일하는 것보다 두 배가 넘는 봉급을 받았다. 따라서 그들 부부는 수입의 절반을 선교비로 드릴 수 있었다. 더욱이 그들은 자기 집에서 성경 공부를 인도하고, 그 나라 사람들을 그리스도께로 인도하는 일에 전폭적으로 헌신하고 있었다.

대사관 비서

루비 허볼트는 1958년 미국 대사관 비서로 아프가니스탄에 왔다. 카불 비행장에 내렸을 때 "주님, 제가 여기 머물게 될 앞으로의 2년을 주님께 드립니다. 제 자신 연약하고 약점이 많은 것을 잘 알고 있습니다. 그러나 주님께서 저를 이곳으로 인도하여 주신 것을 믿습니다. 주님께서 저를 정결케 하시고 믿음으로 굳게 서게 하셔서 주님을 섬길 수 있도록 해 주실 것을 믿고 주님께 모든 것을 의탁합니다."라고 고백했다. 대사관의 다른 직원들은 루비가 욕설도 안 하고 술이나 담배조차 못 하는 것을 알고 일 주일만 지나면 자기들이나 다름없이 될 것이라고 빈정거렸다. 그 중 한 직원은 루비에게 대사관 생활에서 술이 중요한 몫을 차지하는 만큼, 대사관 직원으로서 분위기를 맞추는 것이 좋다는 권유를 했다. 이 말이 루비를 괴롭게 했지만 처음에는 아무 말도 하지 않았다. 그러나 기회가 왔을 때, 루비는 사람에게 자기가 마음에 담고 있던 생각에 대해 이야기했다. 결국 그의 동료들은 루비에게 "그렇게 양심에 거리끼면 우리가 관리 제도를 바꾸면 되지 않겠느냐?"는 말로 그의 고민을 풀어 주었다.

루비는 자원해서 주일학교반 하나를 맡아서 가르쳤으며, 하루의 일과를 새벽 기도회로 시작했다. 루비는 어려운 환경 가운데 효과적인 텐트메이킹 간증을 엮어 갔다. 루비는 2년 동안 대사관 직무를 탁월하게 수행했으며,

신앙인의 모범을 보였다. 하나님께서는 이후 루비에게 아프가니스탄에서 국무성 직원으로서 텐트메이킹을 하는 훌륭한 청년 번 아이재크를 남편으로 맞게 해 주셨다.

의사 부부

청년 시절 여행을 즐겼던 로버트 쇼 박사는 키버 통로에서 아프가니스탄의 사정을 접하게 된다. 그는 아프가니스탄에 의료 선교사로 들어 갈 기회가 열릴 때까지 그곳 국경 지대에서 일하는 비전을 가지게 되었다. 그런데 의과대학에서 결핵에 감염되어 폐에 환부가 나타났기 때문에 선교위원회에서 건강상 이유로 보류하게 된다. 뒤에 그는 흉곽외과 수술을 전공하고 텍사스주 달라스에서 의학을 가르쳤다. 하지만 그는 여전히 아프가니스탄에서 일할 희망을 품고 있었다.

그러던 어느 날, 캐어 메디코(Care Medico)가 그를 아프가니스탄에 갈 팀의 책임자로 청하게 된다. 그의 비전이 드디어 열리게 된 것이다. 그는 간호원인 아내 룻과 함께 아프가니스탄 사람들을 효과적으로 도와줄 수 있었다. 그는 아프가니스탄에서 최초로 심장 수술을 한 의사가 되었다.

쇼 박사는 이후 미국으로 돌아와 파크랜드병원에서 케네디 대통령과 주지사의 수술을 담당했다. 그는 또 저격당한 오스왈드를 검진하는 일을 맡기도 했다. 이처럼 그는 뜻하지 않게 이 역사적인 비극의 중심부에 들어가기도 했다.

1966년 쇼 박사 부부는 다시 아프가니스탄에 돌아와 흉곽 외과 수술실을 개설하고, 1968년까지 그곳에서 일했다. 1970년에 그들은 아프가니스탄에 다시 초빙되어 키버 통로 서쪽으로 50마일 지점의 잘랄라바드에 위치한

난그라하르의과대학 교수로 일하게 된다.

훗날 고백했던 그의 말은 추수할 일꾼이 모자란 지금, 우리에게 시사하는 바가 크다. "아직도 나는 목사나 선교사의 직분이 가장 큰 소명이라고 생각하지만, '오늘날 세계가 요구하는 것은 누구보다도 헌신적인 평신도'라고 하셨던 저의 아버지 말씀이 옳다고 믿습니다. 서로를 이해하려는 마음과 마음이 직접 통하는 개별적인 대인 접촉 방법은 평신도들이 가장 큰 영향을 미칠 수 있는 선교 자원입니다. 하나님은 모든 사람들을 위해 할 일을 준비해 놓고 계십니다."

맹인학교 교사

캐슬린 스튜어트는 1967년 맹인 아동들을 가르치기 위해 아프가니스탄에 들어왔다. 캐슬린은 미국에 있는 자기 농장과 가축들을 팔아 선교비를 마련해서 팀선교회(TEAM, The Evangelical Alliance Mission)에 속해 일했다. 신체장애자 특수교육 분야에서 훈련을 받은 캐슬린은 아프가니스탄의 남·여 맹인 아동들을 효과적으로 가르쳤다.

캐슬린과 또 다른 맹인학교 교사가 함께 살고 있던 집이 화재로 전소되는 등 여러 어려움을 겪었지만, 그녀는 언제나 즐거움과 승리감으로 일을 수행해 냈다. 이후 암 때문에 미국으로 돌아와야 했지만, 그녀는 그리스도를 위한 텐트메이커로서 "오직 너희를 위하여 보물을 하늘에 쌓아 두라."(마 6:20)는 말씀대로 자신의 삶을 하늘에 투자한 신실한 교사였다.

석유 엔지니어

밥 올드와 그의 아내 지미는 베네수엘라와 이란에서 석유 회사 엔지니어로 일했다. 밥은 텍사스 출신의 석유 엔지니어로서 두각을 나타냈을 뿐만 아니라 그의 아내와 더불어 예수 그리스도를 전파하는 일에도 큰 효과를 거두었다.

밥은 자신의 젊은 시절에 대해 이렇게 회고한다.

"저의 목표와 열망은 직업적으로, 그리고 세상적으로 성공하는 데 있었습니다. 그러나, 목표에 도달했을때, 저는 성취감도, 마음의 평화도, 기쁨도, 심지어 행복도 찾지 못하고 하나님을 떠났었습니다. 아내와 자식들과 함께 살고 있으면서도 잃은 거나 마찬가지 생활을 하고 있었습니다. 그러나, 하나님께서는 저의 생각을 돌리실 방법을 알고 계셨습니다. 그의 자비와 사랑 가운데 거의 파산 지경에 이르게 해서 저의 마음이 그를 찾기에 갈급하게 만드셨습니다."

이들 부부는 후에 이렇게 간증했다.

"우리는 하나님이 우리 각 사람을 용서하셨고, 우리가 그의 피로써 모든 불의를 참으로 씻음 받았다는 사실을 머리로는 알고 있었습니다. 그러나, 서로와 자신을 용서하며, 하나님의 용서를 진심으로 마음속에 받아들이기까지는 멀고도 험한 길을 걸었습니다. 다른 사람들에 대한 우리의 죄를 보상하는 것은 어려운 일이었으나, 하나님의 은혜는 차고도 넘쳤습니다. 하나님께서는 다른 사람들과의 관계를 바로 회복하는 데 필요한 것을 말씀해 주셨습니다. 또한, 말씀과 삶을 통해 우리에게 진리의 도를 가르쳐 줄 강한 믿음의 성숙한 크리스천들에게도. 우리의 걸음을 인도해 주셨습니다. 그리고 성령으로 세례를 베푸사 우리가 주님과 동행하며 다른 사람들을 섬기도록 우리를 한 선교지로 인도해 주셨습니다. 세상이 제공하는 모든 것에 깊이 취해 본 경험이 있는 우리는 흑암 가운데 행하는 사람들을 알아볼 수 있습니다. 우리는 참으로 '오직 하나님의 은혜로 살아간다'고 말할 수 있습니다. 아마 이러한 이유로 하나님께서는 우리에게 이란에서 마지막 몇 해를 보내는 동안 상담자로서 일할 기회를 주셨나 봅니다. 우리는 하나님께서 마치 우리의 삶을 변화시키셨듯이 죄로 고민하며 혼란에 빠진 잃어버린 심령의 삶을 극적으로 변화시키시는 것을 보았습니다."

이란 국영 석유회사에서 일하는 동안 밥은 탁월한 기술을 발휘해 수십억 달러의 석유를 절약했으며, 이란의 국익에 상당한 기여를 했다. 그는 유정의 내부가 마를 때 펌프로 천연 가스를 주입해서 더 많은 양의 원유를 생산해 낼 수 있는 시스템을 개발했다.

밥은 또한 여가 시간을 이용해서 테헤란에서 복음을 전파하며 크리스천 생활 세미나를 인도했다. 그들 부부는 기도와 상담을 원하며 찾아오는 손님들을 자기 아파트로 반갑게 맞아들이기도 했다.

가축 사육자와 국립학교 교사

아프리카의 잠비아에서 온 한 선교사는 자기가 만나 본 가장 효과적인 크리스천은 가축을 사육하는 일로 자비량해서 복음을 전하는 텐트메이커였다고 소개해 주었다. 잠비아의 국립학교에서 수학을 가르쳤던 또 다른 텐트메이커는 "국립학교 교사가 되면 하나의 깨끗한 경력을 갖게 되는 이점이 있습니다. 우리는 다만 '크리스천' 이라는 이름만 가질 뿐 입니다."라고 자신을 소개했다고 한다.

교육자

룻 시맨스는 20년 동안 해외에 나가서 교육계에 헌신하며 복음을 전한 텐트메이커였다. 하나님께서는 또한 페루와 브라질, 포르투갈과 스페인에서 기독대학생운동을 일으키는 일에도 그를 사용하셨다. 룻은 크리스천 학생들이 해외에 나가서 텐트메이킹 사역을 돕기 위한 기독학생운동 본부의 한 분과를 맡기도 했다.

광산 기술자 부부

전에 기독학생운동 간사였던 캐시 펠프스는 광산 기술자인 남편 베리와 함께 볼리비아와 컬럼비아에 가서 선교 활동을 펼쳤다. 캐시는 이 텐트메이커 사역의 중요성을 개닫고 이와 비슷한 일을 하는 사람들을 돕기 위해 「해외 이사를 위한 안내」(The Guide to Moving Overseas)라는 책을 썼다.

이상은 세계 곳곳에서 자비량으로 그리스도를 전파하는 수많은 텐트메이커들 가운데 극소수에 불과하다. 우리는 또한 국제적인 사업이나 전문직, 비서직, 의사나 간호원과 같은 의료사업, 군복무, 프로그램 개발, 교사, 연구 활동, 외국 유학, 평화봉사단, 유엔. 외교관, 관광 등의 목적으로 해외에 나가 있는 여러 헌신적인 크리스천들을 만나보았다. 이들은 모두 해외에 나가서 텐트메이커로 일하는 크리스천들이다. 그러나 그들이 좀 더 효과적으로 복음을 전파하기 위해서는 교회와 선교단체의 전폭적인 도움과 격려가 필요하다.

11. 당연히 해야 할 자비량 선교

지혜에 장성한 사람이 되라
고린도전서 14:20

전국복음주의자 협의회(National Association of Evangelicals)를 이끌었던 클라이드 테일러 박사는 "오늘날 세상에서 성령이 행하시는 의미심장한 일 가운데 하나는 교인들을 사도 시대에 보편적으로 행해졌던 '평신도 전도'로 돌아가도록 이끄시는 것이다."라고 말했다.

종교 개혁과 함께 당시 교회는 '신자들의 제사장 직분'에 관한 성경의 계시를 새롭게 인식했다. 마찬가지로 오늘날에도 많은 사람들이 모두 전도의 사명을 갖고 있다는 진리를 다시 한 번 새롭게 인식하고 있다.

성경은 그리스도께서 우리를 하나님 앞에 '왕 같은 제사장'으로 삼으셨다고 말씀할 뿐만 아니라, 세계 복음화를 위해서 우리에게 어떻게 명하셨는지 말해 주고 있다(막 16 : 15).

일반 선교사와 자비량 텐트메이커의 기본적인 차이는 다음과 같다. 전적으로 지원받아서 복음을 전파하는 크리스천들은 자기 그물을 버려 두고 그리스도를 좇는 것이고, 자비량해서 복음을 전파하는 크리스천들은 그물을 가지고 그리스도를 좇는다는 것이다.

종종 전적으로 지원을 받는 선교사들과 텐트메이커 사이를 잘못 비교하는 데서 문제가 일어난다. 성직자와 평신도 사이를 잘못 구별하는 것에서도 같은 문제가 발생한다. 이 문제에 관해 로스 킨슬러 박사는 다음과 같이 쓰고 있다.

교회는 역량있는 평신도 지도자들을 긴급하게 끌어들일 필요가 있다. 그들 중 대부분은 목사가 아니라서 그들을 향한 하나님의 소명을 한 번도 심각하게 생각해 보지 않았다. 경제, 사회, 정치계에 깊이 관여하고 있고 각 전문가와 학문 분야를 대표하고 있는 이들 지도자들은 오늘날 세계 복음화의 의미를 바로 알고 전하도록 도전받아야 한다. 지금 신자들은 모든 사회와 문화 속에 포함되어 있다. 그들은 모두 세계 복음화 운동에 절실히 필요한 일꾼들이다.

오늘날 교회의 모든 크리스천은 자국과 해외에서 그리스도의 증인이 되어야 한다는 인생의 비전을 되찾을 필요가 있다.

한 헌신적인 간호사는 외국 병원에서 초청받았은데, 그것이 영적인 일이 아니라서 거부했다고 고백했다. 그 간호사는 나중에 본국의 병원에서 근무하면서 전도의 좋은 기회를 놓쳐 버렸다는 사실을 깨닫게 되었다. 이와 같이 잘못된 개념에 대해 케네스 그럽은 다음과 같이 말한다.

"본국에서는 평신도들을 격려해서 복음을 전하게 하면서도 평신도들이 해외에 나가 복음을 전하는 것을 특별한 소명으로 생각하는 것은 사리에 맞지 않는 일이다. 모든 크리스천은 다 선교사이다.

우리는 선교에 대해 입으로는 자주 수긍한다. 그러나 정작 눈을 들어 세상의 추수할 터를 바라보면서 마음속에 다른 방법을 생각하고 있다. 우리는 일상 생활 속에서 충실하게 복음을 전해야 할 크리스천의 평범한 사명과는 다른, 어떤 특별한 소명을 생각하고 있다. 이것은 뭔가 사실에 맞지 않는 논리다. 무역회사의 일을 하거나 장사를 하는 평신도들 가운데 효과적으로 복음을 전하는 그리스도의 증인이 얼마나 적은가! 선교 사업이 사업의 진척에 비해 뒤처지고 있는 것이 사실이다. 모든 면에서 만족할 만한 봉급이 지불되는 해외 근무 직책들을 믿지 않는 불신자들이 담당하는데도 동등한 자격을 가진 크리스천들은 본국에 머물러 있는 것을 만족스럽게 생각하고 있다."

평신도들이 세계 곳곳에서 복음을 전파하는 것은 성경의 원리에 맞는 일이며, 또한 전세계의 신자들이 따라야 할 명령이다. 한국에서 많은 영향을 주었던 중국 주재 선교사 존 니비어스 박사는 "모든 크리스천이 '자기가 부름 받은 그 자리에 머물러서' 스스로 일하며, 자기의 삶과 말로써 이웃에게 복음을 전파하는 그리스도의 증인이 되어야 한다."고 현지인들에게 가르쳤다. 이 원리는 한국의 교회에서 실천으로 옮겨졌고, 그 결과 한국 교회에 활기와 성장을 가져다 주었다.

중국에 선교사로 갔던 롤런드 앨런은 텐트메이커의 중요성을 분명하게 알고 있었다. 그는 투철한 선교 정신을 가진 평신도들이 비공식적인 선교사로 나가도록 독려하는 길 외에는 세계 복음화를 성취할 다른 방법이 없다고 강조했다. 그는 전문 직업을 가진 크리스천들이 해외에 나가 스스로 일하면서 복음을 전파하는 일의 중요성을 분명히 알고 있었다. 그의 관찰에 따르면, 해외에 나가는 대부분의 크리스천들이 자신을 복음을 전해야 할 선교사로 생각하지 않고 있다는 것이다.

앨런은 선교를, 선교단체가 파송하는 전문 선교사가 담당해야 한다고 생각하지 않는다. 그는 사람들이 선교를 선교단체가 파송하는 전문 선교사들의 특수 사명으로 보는 데서 온 결과라고 했다. 케네스 그럽도 이와 비슷한 말을 하고 있다. "평신도들은 크리스천의 복음 전파 사명을 전문가들에게만 맡기지 말아야 한다. 목사들만 간다면 아시아와 아프리카, 라틴 아메리카에 사는 모든 사람들에게 그리스도를 전할 수 없다."

본국의 지역 교회에서 평신도들이 그처럼 중요한 역할을 하듯이 해외의 국제적인 무대에서 평신도들이 결정적인 역할을 할 수 있다. 인도네시아에서 복음주의적인 선교사로 여러 해 동안 일한 핸드릭 크레머 박사는 그의 저서 「평신도의 신학」에서 이 같은 문제를 다루고 있다. 그는 "교회의 평신도 회원권은 특별한 신학적 중요성, 혹은 의의를 가지고 별개의 주제로서 주의 깊게 다루어진 적이 없다. 이것은 핑계 댈 수 없는 불찰이요, 교회 전체에서 잘못 이해되고 있다는 예이다."라고 논평했다. 크레머 박사는 역사상 평신도들이 '농결된 대부금'(frozen Credit)으로 존재해 왔다고 지적한다. 그는 계속해서 "교회 봉사의 일은 교회의 모든 회원들에게 적용된다."는 사실을 강조했다. 그는 일에 대한 크리스천 가치관의 변화가 어떻게 시작되었는지 지적하면서 이렇게 말했다.

"선교의 의무를 재발견하고 그 방대한 업무를 갑자기 깨닫게 된 교회는 모든 크리스천이 전도사, 혹은 선교사라는 주장을 가지고 평신도들에게 향했다."

그는 덧붙여 "평신도들이 끊임없이 확대되어 가는 선교 활동에 있어서 교회의 선교 과업에 참여해야 한다는 필요성을 느끼게 되었다. 곧 평신도 사도를 부르시는 소명을 발견한 것이다."라고 긍정적으로 평가했다.

두 가지 형태의 텐트메이커들

직접 테헤란에 가서 자비량으로 복음을 전파해 본 경험이 있는 하워드 매슨 박사는 "해외에서 일하는 크리스천들은 복음 전파가 주목적인 사람들과, 자기 직업이나 학문 분야에 헌신적인 기여를 하는 것이 주목적인 사람들로 크게 양분된다."고 말한다.

첫 번째 형태는 사도 바울의 경우처럼 주로 예수 그리스도의 증인이 되기 위한 동기에서 해외로 나가는 경우이며, 그들이 갖는 직업은 지상명령 성취를 위한 것이다. 두 번째 형태는 자비량은 복음을 전하는 선교사로서 스스로 갈 계획이 없이 회사의 발령에 따라 해외 근무를 하게 되는 경우이다. 어쨌든 두 가지 경우는 모두 다 주님을 위해 일할 수 있는 귀중한 기회라고 말할 수 있다.

텐트메이킹의 불리한 점들

어떤 저술가들은 텐트메이킹의 불리한 점들을 지적해서 많은 크리스천들이 선교를 포기하게 만들었다. 물론 텐트메이킹에는 제한과 문제들이 뒤따르나, 그러한 문제들이 세계 복음화를 성취하기 위해 하나님이 허락하신

방편을 빼앗아 갈 수는 없다. 다음은 기억해 두어야 할 문제들이다.

1) 크리스천이 일하는 기관이나 회사가 선교를 하지 못하게 하고, 종교의 자유를 제한할 수 있다. 그러나 이러한 어려움은 본국의 일반 직장에서도 겪을 수 있다.

2) 텐트메이킹은 대개 전임 직업(a full-time job)을 갖고 사역을 하기 때문에 현지 언어를 습득할 만한 시간을 내기 어렵다. 해외에서 절실히 요청되는 것은 문화와 언어를 뛰어넘는 선교이므로 현지의 언어를 구사할 수 있는 것을 전제로 한다. 그러나 어떤 텐트메이커들은 그들이 일하는 지역의 언어를 아주 유창하게 구사할 수 있어서 직업뿐만 아니라, 선교에도 한층 더 효과를 높이는 경우가 있다.

3) 텐트메이커가 일하는 기간은 대개 한두 해이다. 이처럼 짧은 기간에 현지의 언어를 익혀서 복음을 전하고, 그곳 교회가 성장할 수 있도록 지속적인 기여를 하기란 어려운 일이다. 그러나 많은 경우 회사에서 일을 잘 수행하고 근무 계약을 갱신하거나 연장하고 있다. 텐트메이커 중 일부는 일반 회사나 기관에서 그들의 계약 기간을 마친 후 선교 기관을 통해서 정식 선교사로 현지에 되돌아가는 경우가 있다.

4) 시간을 필요로하는 직업은 전도할 기회를 제한할 수도 있다. 그러나 크리스천은 대개 근무 중에도 일에 지장이 되지 않는 범위 내에서 말과 행동으로 복음을 전할 수 있다. 교회가 지원하는 의료 선교사나

간호사라도 업무를 수행해 나가면서 만나는 사람들에게 복음을 전하는 법을 익혀야 한다.

5) 어떤 자비량 선교사들은 그들이 '변장한 선교사들'이기 때문에 속임수를 썼다는 비난을 받는다. 이와 같은 비난은 크리스천이 불신자 직업인들을 가리켜 '물질주의의 선교사'라는 사실을 지적할 때 논박의 기회를 제공해 준다. 대부분의 사람은 자기가 믿는 것을 옳다고 주장한다.

6) 또 다른 사람들은 크리스천 텐트메이커들이 이중적인 동기를 갖고 있다고 비판했다. 곧 자기 고용주에게 대한 충성과 또한 자기 믿음에 대한 충성을 염두에 두고 있다는 것이다. 이에 대한 답변으로 '그리스도와 함께 가이사의 것은 가이사에게, 하나님의 것은 하나님에게 드리라'고 말할 수 있다.

7) 또 한 가지 불리한 점은 종종 텐트메이커들이 정규적인 선교사의 경우처럼 본국 교회의 기도 회원들을 갖지 못하고 있다는 것이다. 하지만 주의 깊게 노력하면 자비량 선교를 하는 텐트메이커들도 기도로 후원해 줄 신실한 크리스천 친구들을 얻을 수 있다.

8) 어떤 나라에는 다수의 외국인들을 고용하고 그 고용인을 국적별로 나누어서 일을 시키는 회사가 있다. 따라서 접촉하는 사람들은 거의 대부분 자국인들이어서 교포들과 주로 사귀게 되며, 현지 크리스천

들과 접촉하는 일도 자연스럽게 제한된다. 이것도 역시 하나의 불리한 점이 될 수 있다. 그러나 대개는 일관된 노력을 통해서 이 문제를 극복하면 현지인들과도 의미있는 접촉을 할 수 있다.

9) 또 한 가지 불리한 점은 많은 기관들이나 회사들이 현지인들에게 공개적으로 복음 전하는 것을 싫어한다는 것이다. 이들은 대부분 현지에 상당한 투자를 하고 있는 만큼 그 나라에 좋지 않은 감정을 불러일으켜 사업상 제약을 받거나 추방을 당하게 될 것을 우려해서 그런 것이다. 크리스천들은 그들이 일하는 회사나 단체의 합법적인 이익에 대해서는 신중을 기해야 한다. 특히 종교의 자유가 제한된 지역에서는 주님의 일꾼들이 '뱀같이 지혜롭고 비둘기같이 순결' 할 필요가 있다.

10) 텐트메이커들은 대개 정규 선교사들이 해외에 나가기 전에 받는 기본 훈련을 받지 못한다는 문제가 있다. 어떤 때는 해외 근무 발령이 갑자기 나서 준비할 시간이 없을 때도 있다. 많은 사람들이 별도의 준비도 없이 갑자기 떠나서 낯선 이국의 환경에 처하게 된다. 현지 적응을 위한 예비 훈련 없이는 고용인의 근무 효과가 떨어질 뿐만 아니라 부적응을 유발해 중도에 포기하게 만든다. 텐트메이커들은 가능한 많은 준비와 예비 훈련을 받아야 할 것이다.

11) 텐트메이커들이 과중한 업무에 압도된 나머지 실제로 복음을 전할 수 없게 되는 경우도 있다. 중국의 크리스천 지도자 워치만 니는 개

인적인 경험을 통해서 이 사실을 발견했다. 1942년에 그는 사도 바울처럼 자비량으로 복음을 전하기 위해 한 제약 회사의 책임을 맡게 되었다. 그러나 과중한 업무로 인해 5년 동안 설교를 할 수 없었다. 1947년에 제약회사에 관여한 것이 자신의 과오였음을 공개적으로 시인하고 회사의 일을 다른 사람에게 넘겨 주었다.

12) 텐트메이커들이 자주 갖는 또 하나의 약점은 영적인 책임감이 부족하다는 것이다. 피터 와그너는 전적으로 지원을 받는 일꾼들에게는 그들이 경제적으로 의존하는 것이 동기부여의 좋은 결과를 가져온다고 했다. 왜냐하면 그것이 모교회 교인들로 하여금 기도의 무릎을 꿇게 만들고, 또한 선교사들을 열심히 일할 수 있도록 동기부여하기 때문이라는 것이다.

13) 텐트메이커가 안고 있는 또 하나의 위험은 성도간의 교제가 없는 지역에서 홀로 일할 수도 있다는 것이다. 이 위험을 피하기 위해서는 서로를 격려하고 도와줄 다른 신자들과 함께 팀을 구성해서 떠나야 할 것이다. 우리 주님께서는 제자들을 둘씩 짝지어 보내셨고, 또한 성령께서도 바나바와 바울을 함께 부르셨다.

텐트메이킹의 유리한 점

하워드 매슨 보우즈 박사는 테헤란에서 텐트메이커로 일한 경험에 근거해 텐트메이킹 형태의 선교가 갖는 유리한 점을 다음과 같이 열거하고 있다.

텐트메이커들은 성직자들이나 자기 종교의 전파를 위해 보수를 받는 전도자로 인식되지 않는다. 대개 선교사들이 접근할 수 없는 부류의 사람들을 자주 만날 수 있다. 예를 들면 남녀 전문 직업인들과 학생들, 공장 노동자들,대학교 교수들 등이다. 예외가 있지만 대부분 그들은 정규 선교사들이 받는 선교비보다 훨씬 더 많은 봉급을 회사나 정부로부터 받는다.

그들은 본국이나 해외에 있는 교회에 재정적인 부담을 거의 주지 않는다. 그들은 자기 자신의 전문 직업에서 성취감과 만족을 얻음으로써 어려운 지역들(많은 회교 국가들)에서 복음을 전하는 과정에서 일어날 수 있는 좌절과 실망을 극복할 수 있다. 그들은 선교 프로그램 안에서는 할 수 없는 필요에 대해서 자유롭게 대응할 수 있다.

허버트 케인도 텐트메이킹의 여러 이점들을 언급하고 있다. 그의 관찰에 따르면 텐트메이커들은 정규 선교사들이 들어갈 수 없는 나라에도 들어갈 수 있다는 것이다. 그는 전적으로 후원을 받는 정규 선교사들이 들어갈 수 없는 지역에 복음을 가지고 들어가기 위해서 텐트메이킹의 방법이 필수적이라고 지적하고 있다.

케인 교수가 언급하고 있는 이점 중 하나는 "텐트메이커들이 가서 일하는 나라 사람들의 눈에는 그들이 일반 직업인들로 보이며, 그들이 하는 일은 무엇이나 그 나라에 기여하는 것으로 보인다. 텐트메이커는 현지 사람들을 개종시키는 전도자라는 시선으로부터 자유롭다."라는 것이다.

현지 동반자로서 한 선교단체와 함께 일하고 있는 어떤 텐트메이커는 선교 전략에 관한 글에서 다음과 같이 이야기하고 있다. "외국의 현지 사람들과 함께 산업체나 정부 기관에서 일하는 텐트메이커들은 자주 좋은 기회를 얻게 된다. 현지 국민들과 친밀한 관계는 아주 자연스럽게 복음을 전할 수 있는 분위기를 마련해 준다." 이것은 좁은 영역에서만 그리스도를 전하는 것이 아니라 평신도들이 접촉할 수 있는 기업체, 정부 기구, 군대, 그 밖의 사회 각계 각층의 수많은 분야에서 복음을 전해야 한다는 사실을 강조해 준다.

도널드 맥개브런 박사는 동일한 유형의 그룹 안에서 복음을 전하는 것이 얼마나 중요한지 계속 지적해 왔다. 이처럼 같은 직장 안에서 함께 일하는 사람들은 동료들에게 접근할 수 있는 권리를 이미 얻어 놓았기 때문이다.

크리스천 텐트메이커들의 선교 의무

금세기 초에 자기 생애를 바쳐 아프가니스탄 서북부 지역에서 크리스천 의사로 헌신한 시오도어 패널 박사는 "모든 크리스천은 그가 일반인이든지, 군인이든지, 무역업자든지, 혹은 전문 직업인이든지, 아니면 잠시 지나가는 여행자이든지, 방문자이든지간에 크리스천 선교의 일을 할 수 있다. 또한 반드시 그 일을 해야만 한다."고 강조했다.

1924년에 아프가니스탄을 방문할 수 있었던 덴마크의 또 다른 크리스천 의사 아그네스 클라우센 박사는 텐트메이커들이 할 수 있는 일을 기대하며 다음과 같이 강조했다.

"아프가니스탄에 크리스천 직업인들이 들어갈 수 있는 날이 이미 왔다. 이 시대에 아프가니스탄이 필요로 하는 것은 서로 다른 여러 직종에서 일할 '하나님 나라의 자녀들', 곧 지혜롭고, 경건하며, 겸손하고, 자기를 부인하며, 모든 것을 바라고, 모든 것을 믿으며, 모든 것을 견딜 수 있는 큰 사랑을 가진 남녀 크리스천들이다. 지금 일반적으로 이해되고 있는 그런 의미의 선교사들을 말하는 것이 아니다. 우리는 여러 해 동안 아프가니스탄에 들어갈 문이 열리기를 기도해 왔다. 이제는 기도의 제목을 바꾸어 이미 열린 문으로 들어갈 올바른 남녀 크리스천을 보내주시도록 기도하자."

여건이 좋은 도시 근교의 미국 교회에서 일하고자 하는 목회자의 수는 이미 포화상태에 이르렀으나, 조건이 좋지 않은 지역과 해외에서는 수많은 일꾼들을 필요로 하고 있다. 1974년 스위스의 로잔에서 열린 세계복음화대회(Lausanne Congress for World Evangeligation)는 '복음을 접해 보지 못한 사람들 가운데 미국과 캐나다 사람들은 겨우 1퍼센트밖에 안되며, 나머지 99퍼센트가 세계의 다른 지역에 살고 있다' 는 조사 결과를 내놓았다. 예를 들어 세계 인구의 절반이 아시아 대륙에 살고 있는데 이들 중에 자신을 크리스천이라고 말하는 사람은 인구의 2퍼센트도 안된다. 세계선교를 위한 미국본부(U.S. Center for World Mission)의 랄프 윈터박사는 "아프리카와 아시아에 가서 아직 복음을 접해 보지 못한 사람들에게 전도하려면 우리가 현재 파송한 선교사의 100배가 넘는 일꾼을 확보해야 할 것이다."라고 말하고 있다. 그처럼 엄청난 사람들이 실제로 복음을 가지고 가기 위해서 정규 선교사들과 함께 텐트메이커들이 절대적으로 필요한 것이다.

텐트메이커들이 갖는 또 하나의 이점은 그들이 필요한 직업에 따라 지원을 해서, 현지 국가의 인준을 받으면 대개 입국 비자를 무난히 얻을 수 있다는 것이다. 많은 지역들에서 정규 선교사들이 입국 비자를 얻지 못하는 것이 큰 문제로 부각되고 있다. 또한 물가가 올라가서 정규 선교사들이 생활하는 비용이 엄청나게 오를 때, 텐트메이커들을 격려하는 것이 더 많은 일꾼들의 필요를 채워 줄 여분의 재정을 확보하는 방법이 될 것이다. 자비량으로 복음을 전하는 것은 교회의 재정 압박을 덜어 줄 뿐만 아니라, 텐트메이커들이 정규 선교사들을 재정적으로 직접 도울 수 있는 계기도 마련해 줄 것이다.

윌리암 댄커 박사는 "제 3세계가 경제적인 신식민주의(economic neocolonialism)를 두려워하는 것을 이해하는 것은 어려운 일이 아니다. 크리스천 실업가들이 현지 주민들의 순수한 이익과 현지 크리스천 교회들의 순수한 이익을 위해 기업체들을 일으켜 주어야 한다."고 말했다. 댄커박사는 또한 "메노파 선교회(Mennonite Mission)와 바젤선교회(Basel Mission)가 그들의 기업체에 현지 주민들을 고용하여 경제적인 도움을 주었을 때 경제 활동이 가장 활발하게 일어났으며, 가장 영향력 있는 교회를 이룩하는 기초가 되었다."라고 지적했다.

'텐트메이킹 선교를 해야 할 것인가 말아야 할 것인가'를 놓고 고민하는 것은 시간 낭비다. 그것은 당연히 해야 할 일이다. 우리가 고민해야 할 것은 '어떻게 하면 거듭난 크리스천들이 가서 이 선교 방법의 장점을 십분 활용할 수 있겠는가?' 하는 것이다.

12. 학생 자비량 선교사들

> 그 흩어진 사람들이 두루 다니며 복음의 말씀을 전할쌔
> 사도행전 8 : 4

전에 선교사로 일한 브루스 벨은 "회교권의 아랍인들에게 복음을 전하려면 뭔가 새로운 시도를 해야만 한다."고 심각하게 이야기한 적이 있다. 그는 계속해서 이런 제안을 했다.

"내 생각으로는 기꺼이 아랍권의 대학에 가서 학위를 취득할 젊은 크리스천들을 모집하는 것이 어떨까 생각한다. 이들은 성경 말씀으로 훈련을 받고, 헌신적이며, 성령 충만한 삶을 살면서 가능한 한 모든 방법을 동원해서 아랍인들과 어울려 그들을 친구로 삼게 된다. 한 학생이 2년 후에는 적어도 수백명의 친구를 사귈 수 있다. 그렇게 하면, 그들은 놀랄 만큼 친절한 사람들이 된다. 그러다 크리스천의 삶이 자기네들과는 아주 다르다는 것을 발견하고 그 이유를 묻게 되지 않을까 하는 생각이 든

다. 이렇게 하면 진지한 이야기를 나눌 수 있다. 이런 방법으로 자기의 신앙을 다른 사람들과 함께 나누는 것을 금지할 법은 없기 때문에 이것은 아주 효과적인 방법이라 생각한다."

이것은 아랍 국가에서 복음을 전파하는 하나의 효과적인 방법일 뿐만 아니라 전세계에 그리스도를 전파할 효과적인 방법이기도 하다. 각 나라의 교육 기관들은 핵심적인 전도의 기회들을 마련해 준다. 대학생선교회(Campus Crusade for Christ)의 빌 브라잇 박사는 "학생들은 역사의 과정을 바꾸어 놓을 중요한 인력이다. 당연히 그들을 그리스도 앞으로 인도할 필요가 있다."고 말했다.

만일 거듭난 체험을 가진 성숙한 학생 10만 명이 해외의 대학에 가서 등록을 하고 공부를 하다가 돌아오고, 또 새로운 학생들이 교대로 공부하러 나간다면, 세계에 그리스도를 전파하는 일에 엄청난 기여를 할 것이다. 선교를 할 수 없는 공산 국가나 회교 국가에서는 대학생들이 다른 어떤 그룹보다도 더 자유롭고 효율적으로 복음을 전할 수 있을 것이다.

세계복음주의협회(World Evangelical Fellowship)의 월드론 스콧 박사는 "학생들이 해외에 나가서 일하는 평신도로서 '예수 그리스도의 복음을 어떻게 전할 수 있겠는가'에 높은 관심을 갖고 있는데, 바람직한 현상이라고 생각된다."고 말했다. 이 젊은이들이 복음을 전할 수 있는 가장 전략적인 방법 가운데 하나는 세계 여러 나라의 대학교에 가서 유학을 하는 것이다. 허버트 케인 교수는 "학생들이야말로 젊기 때문에 유학을 간 나라의 젊은이들과 잘 어울릴 수 있고, 그네들의 관습에도 익숙해진다. 그네들이 필요로 하는 것에도 민감하게 대처할 수 있는 이점을 지니고 있다."고 말했다.

공산주의자들은 그들이 세뇌시킨 학생들을 세계 여러 나라의 대학에 유학을 보내 왔다. 이렇게 한 결과 마르크스주의는 동경으로부터 리오데자네이로에 이르기까지 대학가의 수많은 지식층을 사로잡았다. 더욱이 부유한 산유국에서 온 회교 학생들은 서구 여러 나라의 대학 내에 회교 협회를 설립하고 적극적으로 그들의 믿음을 다른 사람들에게 전파하고 있다. 미국과 캐나다에서 활동하고 있는 회교학생협회(Muslim Students' Association)의 공개된 목적은 '회교를 알고자 하는 모든 구도자를 돕고, 회교 일꾼들을 모집하고, 훈련시키고, 동원해서 회교를 전파할 모든 적절한 기회를 활용' 하는 데 있다.

회교학생협회 회원 가운데 38퍼센트는 학생 비자를 갖고 있고, 30퍼센트가 영주권자들이며, 나머지 32퍼센트는 미국과 캐나다의 시민권자들이다. 이들 중에 37퍼센트가 대학생들이고, 47퍼센트가 대학원생들이며, 나머지 16퍼센트는 교육 기관들의 교수나 직원들로 구성되어 있다. 회교학생협회는 또한 북미주에 있는 310개의 회교 사원과 회교 단체의 주소록을 확보하고 있다.

해외 유학을 해 본 크리스천들은 유학이 교육적인 면과 문화적인 면에서 풍부한 경험을 얻게 해 줄 뿐만 아니라, 그리스도를 전파할 좋은 기회를 제공해 준다는 것을 잘 알고 있을 것이다. 마크 해너 박사는 미국에서 베이루트에 있는 American University에 가서 공부했는데, 사우디아라비아와 터키에서 온 회교 학생들과 한 방을 사용했다. 그는 또 다른 크리스천 학생과 정기적으로 만나서 교수들과 학생회를 위해 기도했다. 졸업반 때 그들은 전도 집회를 열고 복음을 선포했는데, 수백 명의 학생들이 참석했고, 그 중 200명이 예수 그리스도를 구주로 영접했다.

또 다른 크리스천 학생 하나는 선교사들의 입국이 허락되지 않는 북아프리카 어떤 나라의 대학교에서 현재 박사 과정을 밟고 있다. 그는 현지의 외국인 교회에서 활동하는 가운데 조용히 그 나라의 몇몇 신자들과 교제를 나누고 있다. 공부를 하면서 그는 효과적인 전도를 하고 있는 것이다.

엘리스 윈터스는 코스타리카의 성경신학교에서 1년 동안 공부를 하며 스페인어를 익혔다. 엘리스는 그 신학교에서 크리스천 학생들과 함께 근처 일반 대학교에 가서 믿지 않는 학생들에게 복음을 전하기도 했다. 엘리스는 지금 전임 선교사로 라틴 아메리카에 돌아가서 일하고 있는데, 그 지역 학교에서 공부를 했던 학생이라는 이유로 특별한 환영을 받고 있다.

한 크리스천 청년은 테헤란대학에서 유학 생활을 했다. 그 대학교에서 공부를 마친 후 그는 현지에 남아서 엔지니어로 일하며 사업을 진행하고 있다. 그와 그의 아내는 이란 내에 있는 크리스천들과 함께 일했을 뿐만 아니라 많은 선교사들과 그밖의 다른 이주자들을 도와주었다. 또한 현지의 외국인과 이란인 사회의 자녀들을 위한 학교 설립을 위해 헌신하기로 했다. 강력한 회교 환경 속에서 일하는 텐트메이커로서 많은 어려움들을 겪었다. 그럼에도 불구하고 하나님께서는 그를 사용하셨다. 그는 많은 친구들이 예수 그리스도를 아는 구원의 지식에 이르는 것을 볼 수 있었다.

석사 학위를 이미 두 개나 갖고 있으면서도 선교의 문이 닫혀진 어떤 나라에 대학생으로 유학을 간 크리스천이 있다. 그와 그의 아내는 학생 비자를 가지고 회교도들을 그리스도께로 인도하여 믿음을 지키게 했고, 그들을 다른 교포 교인들에게 소개해서 교제케 했다. 그는 또한 성경 번역과 기독교 문서 배포와 그 나라에서 수신할 라디오 방송 프로그램을 준비하는 일들을 감독하기도 했다.

기회

전세계의 여러 나라들이 서구의 나라에 유학생들을 보내고 있다. 그러므로 상호간의 답례로 해당 국가들은 그들의 고등교육 기관에서 공부하고 싶어하는 외국 학생들을 받고 있다. 그들 가운데 상당수는 장학금을 지급하고 있는데, 여행비를 제외하면 대개 이러한 나라에서 공부를 하는 것이 서구의 나라들에서 공부하는 것보다 경제적인 부담이 적다. 만약 크리스천 학생들이 이들 지역에 유학을 간다면, 언어 탐사를 해서 구두 언어를 문자화해서 사전을 만들고, 기술문법(descriptive grammars)을 준비해서 성경을 번역할 수도 있다.

전략

크리스천 학생들이 해외에 나가서 효과적으로 복음을 전하기 위해서는 계획을 바로 세우고 세부적인 준비를 하는 것이 필요하다. 우리 주님께서는 제자들을 둘씩 짝지어 보내셨다. 세계 여러 나라의 학교에 유학을 떠날 때 둘이나 그 이상의 크리스천 학생들이 팀을 이루어 함께 떠나는 것이 혼자서 가는 것보다 훨씬 낫다. 유학을 떠나는 학생들을 위한 예비교육 또한 유학 준비의 중요한 몫을 차지한다. 선교 인턴십(Missionary Internship)은 아주 훌륭한 프로그램들을 제공하고 있다. 이 단체는 복음주의적이고 초교파적인 봉사 기관으로서 예비 선교사들을 미리 훈련시키는 프로그램을 운영하고 있다.

또 한 가지 중요한 것은 기도 후원자들을 확보해 두는 일이다. 이 문제는 지역 교회와 기도 모임, 여러 교육 기관에 있는 크리스천 그룹들, 혹은 교회 밖의 기독교 단체들이나 선교 기관들을 통해서 해결할 수 있다. 점점 더 많은 선교회들이 도움을 주기 위해 프로그램을 만들고 있다. 그들은 자주 기도 편지나 기도 책자를 회원들에게 보낸다. 이것은 외국의 대학에 유학을 떠나는 크리스천 학생들에게 큰 도움이 될 수 있다.

리술런드에 선교사로 갔던 프레이저는 "나는 일선에서 정보 수집만 했고, 어두움의 권세들과 실제로 싸워서 이긴 것은 본국에 있는 기도의 용사들이었다."고 이야기한다.

기독대학생회는 대학생선교훈련(Student Training in Mission)이라는 훌륭한 프로그램을 갖고 있다. 이 프로그램을 통해서 그들은 해외에 나가는 크리스천들에게 적절한 예비 훈련을 시킬 뿐만 아니라, 그들이 가게 될 나라에서 온 외국인 학생들과 사귀고, 가능한 경우에는 그 나라에 있는 크리스천들과 미리 편지 연락을 하도록 격려하고 있다. 학생들은 여름방학을 이용해서 전국적인 크리스천 지도자들과 함께 해외에 나가서 현지의 선교사들로 더불어 문화의 장벽을 뛰어넘어 복음을 전한다. 그들은 현지 교포 교회의 여름 성경학교에서 아이들을 가르치고 수련회를 인도하며, 그곳의 대학생들에게 영어를 가르친다.

대학생선교회(Campus Crusade for Christ)는 아가페 무브먼트(Agape Movement: 사랑의 운동)라는 아주 훌륭한 예비교육 프로그램을 갖고 있다. 그들은 또한 성숙한 크리스천 대학생들이 세계 곳곳의 대학교에 유학 가는 일을 돕고 있다. 세계 여러 나라에서 일하고 있는 네비게이토 선교회(The Navigators)는 전문직인 제자훈련 프로그램을 갖고 있다. 이 크리스천 양육 분야를 위해 그들은 훌륭한 교재들을 만들어 내고, 크리스천이 성장하도록 도와 줄 효과적인 방법들을 고안하여 격려하고 있다. 여러 나라들에서 대학생들을 도와줄 수 있는 또 하나의 훌륭한 크리스천 기구는 Youth with a

Mission 이다. 그들은 여러 나라에서 전도학교(Schools for Evangelism)를 운영하여 불신자를 그리스도께 인도하는 기술을 가르치고 있다.

OM선교회(Operation Mobilization)은 여러 해 동안 대학생들이 세계 여러 나라들, 특히 정규적인 선교의 문이 닫혀져 있는 나라에 유학을 가도록 격려했다. 이 유학생들은 공부를 하면서 성경과 크리스천 문서 사업에 크게 기여할 수 있었다. 그들은 또한 일시 방문 비자로 그들이 유학한 나라에 찾아오는 크리스천 젊은이들을 맞아 숙소를 제공해 주고 필요한 것을 도와주고 있다. 국제적으로 확산되어 가고 있는 '영 라이프 캠페인'(Young Life Campaign)도 고등학교 연령층에게 복음을 전하는 일에 효과적인 도움을 주고 있다. 십대선교회(Youth For Christ International)는 50여 개국에서 자치적으로 운영되는 기구이며, 이 기구가 있는 나라들에 간 유학생들은 도움을 받을 수 있다. 해외 유학을 계획하는 학생들은 또한 자기 교단의 선교회나 혹은 초교파적인 선교회로 부터 필요한 정보를 얻을 수 있다.

이러한 선교회들은 「미션 핸드북」(Mission Hand book: North American Protestant Ministries Overseas, Published by World Vision's MARC)에 열거되어 있다. 선교 기구들은 예비 지식과 준비를 갖추도록 돕고, 현지의 선교사들을 소개시켜 주며, 언어와 문화 연구에 있어서도 도움을 주고 있다. 그들은 또한 현지의 크리스천 교포들을 소개해 줄 수도 있다. 기구들은 종종 여름방학 기간으로부터 시작해서 2년 정도에 이르는 단기 선교의 기회를 마련해 준다. 단기선교는, 젊은이들이 선교 사역에 기여하는 것뿐만 아니라 그들 자신에게 가치 있는 경험을 쌓게 해 준다. 통계적으로 단기 선교의 경험을 가진 사람의 25퍼센트가 장기적인 전임 선교사로 현지에 나간다고 한다.

그 밖에도 미국과 캐나다 정부가 후원하는 해외 유학 프로그램이 많이 있다. 여러 대학교의 서무실이나 도서관 미 국무성의 국제연락기구 (International Communication Agency of the State Department), 그리고 북미주 곳곳에 있는 대사관이나 문화원에서 정보를 얻을 수 있다. 교환 학생 프로그램을 통해서 북미주의 많은 젊은이들이 이미 중국에서 유학을 하고 있다.

오늘날 젊은이들은 세계 곳곳의 대학교와 교육 기관에 유학할 수 있는 엄청난 기회를 가지고 있다. 위대한 선교사 프랜시스 사비어의 말은 이런 황금 같은 기회의 중요성을 다시 한 번 강조한다. "학생들에게 그네들의 작은 야망들을 버리고 동방에 가서 예수 그리스도의 복음을 전파하라고 말하시오."

13. 그리스도를 위한 투자

주인이 돌아와 저희와 회개할쌔
마태복음 25 : 19

마가렛 내쉬는 그녀의 저서 「크리스천 세계 시민들」 (Christians World Citizens)에서 "개발도상국의 정부가 선진국에게 긴급하게 요청하는 말은 '우리가 우리 자신을 개발할 수 있도록 도와 달라' 는 것이다. 다시 말하자면 '의사, 엔지니어, 은행가, 교사들을 자체적으로 공급할 수 있도록 가르쳐 줄 사람들을 보내 달라' 는 것이다."라고 개발도상국의 필요를 설명하고 있다. 이란의 테헤란에서 텐트메이커로 일한 하워드 매슨 보우즈 박사는 이와 같은 필요를 다음과 같이 말하고 있다.

많은 크리스천들이 해외에 나가서 자기의 일반 기술을 복음 전파의 도구로 사용할 곳을 적극적으로 찾고 있다. 개발도상국은 자기들의 경제적, 사회적인 개발 목표를 달성할 수 있도록 그들을 도와줄 기술 인력을 찾고 있는 만큼, 해외에서 복음 전파의 일자리를 얻을 수 있는 기회가 점점 더 많아지고 있다. 많은 지역에서 중간층 경영자의 부족을 느끼고 있다. 엔지니어를 필요로 하는 지역이 있고, 거의 모든 곳에서 의료진 부족을 겪고 있으며, 가르칠 수 있는 교사를 요청하고 있다. 이러한 필요를 가진 나라는 크리스천들에게 자기의 기술과 성실성을 가지고 복음을 전할 엄청난 기회를 제공해 주고 있다.

국제복음주의학생협회(International Fellowship of Evangelical Students) 총무 추아 위 히안도 역시 텐트메이킹을 정규적인 선교사들에게 문이 닫혀 있는 지역에 들어갈 수 있는, 하나의 중요한 기회로 보고 있다.

우리는 그 동안 '단단한 땅'의 문제에 직면해 왔다. 그러나 요즘 이 단단한 땅에 쟁기질이 시작되는 것을 보고 있다. 기술적인 지식을 갈망하는 중동과 북아프리카의 정부들은 젊은이들을 가르치고 훈련시킬 기술 인력을 모집하고 있다. 크리스천들이 이러한 일반 직업의 기회를 붙잡아서 텐트메이커로서 생활을 하면서 비공식적으로 자연스럽게 복음을 전해야 한다. 현재 이것이 회교도들을 그리스도께 인도할 수 있는 가장 효과적인 방법으로 보인다.

동부아프리카에 가서 자비량하여 복음을 전한 경험이 있는 킹스칼리지의 월터 퍼베이 박사는 텐트메이커들이 개발도상국을 위해 도울 수 있는 분야로 건설, 통신, 교통, 저수·관개 시설, 지하수 개발, 농사 방법의 개량, 곡식 창고 시설, 식품 저장, 탁아소, 공예, 산업, 매매, 유통 등을 꼽고 있다.

교육 분야의 기회

전에 중국 선교사로 갔던 트리니티신학교의 허버트 케인 교수는 교사들이 텐트메이커로 헌신할 수 있는 기회가 가장 많이 열려 있다고 믿고 있다. 그는 이렇게 말한다.

"동양에서는 교사의 역할이 높이 평가되고 있다. 정도는 낮지만 아프리카에서도 마찬가지다. 교사는 지적인 성장 과정 중에 있어서 새로운 아이디어에 마음이 열려 있는 젊은이를 상대한다. 오늘의 학생은 내일의 지도자이다. 학생은 전도 대상자로서 가장 큰 가능성을 지니고 있다."

나도 역시 아프가니스탄 정부의 문교성 초청 교사로 일할 때 이것이 사실임을 발견했다. 교실에 들어갈 때마다 학생들은 일어서서 나를 맞아주었다. 비밀경찰과 연결되어 있는 학생이 반마다 하나씩 배치되어 있었기 때문에 조심해야 했지만, 교사라는 직분은 학생들의 마음을 읽을 수 있는 기회를 제공해 주었다. 케인 교수도 교사가 학교의 조직된 프로그램 안에서 일하고 즉시 일을 시작할 수 있어서 기여를 하는 데서 오는 만족감을 얻을 수 있다고 높이 평가하고 있다.

영어는 전세계의 많은 사람들이 배우고 싶어하는 언어다. 오늘날 많은 학교와 교육 기관들은 현대적이고도 효과적인 영어 교수법 강좌를 설치하고 있다. 아프가니스탄에서는 영어를 배우고자 하는 열망이 무척 커 보였다. 나는 국립 고등학교에서 가르치는 일 외에도 7년 동안 그곳 외무성 직원들을 위한 영어 특강을 진행했다. 또한 왕궁의 태자에게 영어를 가르치도록 초빙을 받기도 했다. 중동의 어떤 크리스천은 "자격을 갖춘 교사들에게 최고의 봉급과 보험 혜택을 제공하겠다는 광고가 신문에 자주 나오고 있다. 모집하는 학교에서는 해당 분야의 학위와 경험을 요구하고 있다."고 설명한다.

터키에 있는 미국인 크리스천 한 명은 자기 시간을 너무 빼앗길 것을 염려해서 처음에는 영어 교사가 되는 것을 꺼려했다. 그러나 비자를 얻기 위해 1주일에 8시간 가르치는 조건으로 제의를 받아들였다. 교사가 된 그는 예상과는 달리 사람들에게 많은 환영과 존경을 받았으며, 그들에게 그리스도를 전파할 기회를 얻게 되었다.

네비게이토선교회의 윌리엄 스렐캘드 박사는 "대학 교수로 임용되는 것은 큰 기회이다. 우리는 해외의 여러 대학에서 가르치고 있는 교수 선교사들이 있는데, 그들은 풍성한 선교의 열매를 맺고 있을 뿐만 아니라, 직업을 통해서 사회적으로 탁월하게 기여하고 있다."고 밝혔다.

사업, 산업, 전문직 분야의 구직

해외에서 텐트메이킹 직업을 구하는 것은 본국에서 직장을 구하는 것과 비슷하다. 대개는 직업소개소나 신문 광고, 아는 사람, 다국적 회사, 교육 재단, 산업체, 병원, 비영리 자선 단체, 혹은 정부 기관을 통해서 직접 취직 원서를 제출해야 한다. 텐트메이킹 선교를 계획하는 크리스천들은 또한 자기 전문 분야의 잡지에 나오는 목록을 점검해 볼 수 있다.

자격을 갖춘 크리스천들이 해외의 직업을 구하는 일을 도와주기 위한 일을 처음으로 시작했던 사람은 중동 지역에 가서 텐트메이킹 사업가로 일했던 웨인 샤바즈이다.

〈세계 곳곳의 교회〉(The Church Around the World)라는 월간 광고지

에 그 일이 소개되었을 때, 관심을 가진 200명의 평신도들로부터 도와달라는 요청을 받았다. 그는 또한 Missionary Internship을 통해 예비 선교사를 돕고 있다.

룻 시멘즈도 역시 기독대학생회의 후원 아래 해외 상담 업무를 책임 맡았다. 텐트메이커로서만 아니라 크리스천 학생 운동가로서 많은 경험을 갖고 있는 룻은 해외의 직업을 얻고 그것을 준비하는 일에 대해 자세한 상담을 해 줄 수 있었다.

몇몇 선교회는 크리스천들이 세계 여러 나라의 직업을 구하는 일을 도와주고 있다. 예들 들어 수단 내지선교회(Sudan Interior Mission)는 아프리카의 나이지리아 정부를 위해서 대신 교사를 모집하고 있는데, 현재 나이지리아에서는 공립학교에서 성경을 가르치고 있다.

한편, 개발도상국에서 수행하는 유엔의 업무는 다음과 같다.

도시계획, 난민사업, 긴급아동구호, 세계보건기구의 의료 사업, 식량농업기구(Food and Agricultural Organization), 국제연합교육과학문화기구(UNESCO)에서 교육, 과학, 문화 프로그램, 국제부흥개발은행(IBRO)에서 건설, 개발 및 융자, 국제노동기구(International Labor Organization), 만국우편연합(Universal Postal Union), 국제전기통신연합(International Telecommunication Union), 세계도량형기구(World Meteorological Organization), 국제원자력기구(International Atomic Energy Agency), 국제연합군축위원회(Disarmament Commission), 정부간해양문제협의회(Inter Government Maritime Consultation), 국제평화군(International Peace Forces) 등

(편집자 주: 유엔의 각 분과들에서 필요로 하는 직책에 관한 정보는 유엔 공식 홈페이지[www.un.org]에서 확인할 수 있다.)

미국 정부가 제 3세계 국가들을 돕기 위해 후원하는 직책에 관한 정보는 미국재개발처(US Agency for International Development, USAID)에서 얻을 수 있다. 또한 평화봉사단(Peace Corps)과 미국을 위한 자원봉사단(Volunteers in Service to America)의 직책들 관한 정보는 선교단체액션(ACTION)을 통해서 얻을 수 있다. 또 해외에서의 대학 강의와 연구를 후원하는 풀브라잇-헤이스 장학금(Fulbright-Hays Scholarship)과 같은 정부 지원 프로그램도 권장할만 하다.

해외 개발을 돕기 위한 직원들을 필요로 하는 비영리 단체들만 해도 400개가 넘는다. 기독봉사단(Christian Service Corps)은 2년 동안 봉사할 수 있는 18세부터 70세 사이의 기술을 가진 크리스천들을 모집해서 훈련시키고 있다. 이것은 평화봉사단에 대응하는 기독교 단체로 불려 왔다. 인터링크(Inter Link)는 해외 자원 개발에 관련해서 크리스천 사업을 펼치고 있는, 전문 직업인들을 돕기 위한 기독교 단체이다.

미국이든, 캐나다이든 아니면 유럽의 어느 나라이든지 간에, 자국의 사무실을 통해 해외의 직업을 구하는 것이 훨씬 효과적일 것이다. 고용계약을 맺은 회사에서 해외 왕복 비행기표와 일정 금액의 후원을 해 주기 때문이다.

어떤 고용주들은 계약서에 사생활을 제한하는 문구(a conflict of interest clause)를 삽입하고자 한다. 대개 그런 문구에 종교적인 문제들이 문자적으로 직접 언급이 되지는 않을지라도 실상은 종교적인 자유들을 제한하려는 시도로 이해할 수 있다. 이러한 어려움이 있음에도, 주님을 위해 해외에 투자하는 일은 이 세상과 다가올 세상에 있어서 큰 축복을 가져다 줄 것이다.

의료 분야의 기회들

크리스천 일반 의사와 치과 의사, 또는 간호사 가운데 단기 봉사를 위해 해외에 나가는 사람들이 있다. 그들은 대부분 자기 스스로 비용을 마련해서 떠난다. 아프리카에서 단기 봉사를 한 심장 전문의 리쳐드 메이 박사는 "콩고로 가기 전에 나는 선교 사업을 무시했었다. 그러나 현지에 가서 콩고 사람들이 필요로 하는 엄청난 일과 이 필요를 채우기 위해 교회가 담당해야 할 사업들을 보게 되었다. 삼 개월 간을 지내면서 오늘날 세계에서 가장 중요한 일이 바로 선교라는 사실을 확신하게 되었다."고 말한다.

하버드의과대학에서 안과학을 전공한 윌리엄 아스트롬 박사는 자신이 젊은 시절에 외국에 나가 선교사로서 일할 계획을 가지고 학생 지원자(Student volunteer) 카드에 서명했다. 그가 비록 이 약속을 지키지는 못했지만, 은퇴한 후 자비로 아프가니스탄에 가서 국립안과재활기구(National Organization for Ophthalmic Rehabilitation)에 의료 기구를 기증하고 자원 봉사자로 활동했다.

기독의료협회(Christian Medical Society)와 맵인터내셔널(MAP International)은 다른 몇몇 선교회와 함께 일반 의사들과 치과 의사, 간호사를 모집해서 그들을 필요로 하는 세계 여러 나라의 사람을 도와주기 위한 프로그램을 운영하고 있다. 이들은 대개 자비로 단기 봉사를 하고 있다. 점점 더 많은 수의 내과 의사와 치과 의사들이 휴가 기간을 조정해서 해외에 단기선교를 나가기 위해 노력하고 있다.

크리스천 여행자들

오늘날 크리스천들은 세계 여러 곳을 여행하면서 복음을 전할 수 있는,

전에 없던 기회를 얻고 있다. 성지를 방문했던 어떤 크리스천은 자신을 안내한 회교도 가이드를 그리스도께 인도했다. 또한 현지의 아랍인 크리스천에게 소개시켜 주고 믿음을 키울 수 있도록 도와주었다. 〈비공식적인 선교사들〉(Unofficial Missionaries)라는 제목의 광고지에 크리스천 여행자들을 위한 안내가 다음과 같이 실려 있다.

당신이 만나는 모든 사람들에게 정중하고 친절하게 대하십시오. 현지의 관습을 존중하십시오. 현지인들로부터 전해들은 이야기를 웃어넘기지 마십시오. 그리스도께서 당신의 삶에 주시는 의미에 대해 말과 행동으로 긍정적인 태도를 보이는 것이 최선의 전도입니다. 현지인들을 가리켜 원주민(natives)이라는 말을 사용하지 마십시오. 각 사람의 국적을 따라 브라질 사람, 일본 사람, 오스트리아 사람, 혹은 국민이라고 불러 주십시오. 자만하여 허풍을 떨지 마십시오. 항상 배우려는 자세를 취하고, 당신과 차이가 나는 점들을 열등한 것으로 보지 않도록 너그럽고, 친절하게 대하십시오. 불평하는 사람이 되지 마십시오.

단순히 현지의 장소와 때에 맞는 복장을 하십시오. 당신이 세계를 여행할 때, 당신을 스치고 지나가는 사람들에게 그리스도의 사랑을 전하고 있다는 사실을 기억하십시오.

정년 퇴직한 크리스천

허버트 케인 교수는 이렇게 얘기한다.

"정년 퇴직 후 5년 내지 10년을 충분히 일할 수 있는 건강으로 선교 현지에 나가서 주님을 섬기고자 하는 크리스천이 있다. 그들의 숫자는 해가 갈수록 더욱 더 많아지고 있다. 이들은 대부분 재정적으로 자립할 수 있을 만큼 넉넉한 연금을 타고 있다. 이 나이 많은 선교사들은 선교관을 관리하거나 선교사 자녀들을 위한 학교 기숙사에서 자상한 학부모 역할을 해 준다. 회계, 서류 정리 등에 경험이 있는 사람들은 본국이나 해외의 선교 사무실에서 빈자리를 채워줌으로써 선교사들이 좀 더 자유롭게 일할 수 있도록 해 준다."

헤리 미알은 제너럴일렉트릭에서 정년 퇴직을 했다. 그는 여러 개의 발명특허를 갖고 있었다. 그와 그의 아내 에나는 은퇴 후 곧바로 아프가니스탄으로 향했다. 에나는 크리스천 학교인 알만아카데미에서 5학년을 담임했고, 헤리에게 카불대학교에서 전기공학 실험실을 설립해 달라는 요청이 들어왔다. 아내가 교사 임용 계약 기간을 다 마쳤을 때, 그는 아내와 함께 그곳의 커뮤니티 크리스천 교회에서 자원 봉사자로 일했다. 그들은 성경 공부를 시작하고, 조찬 기도회를 도왔으며, 병자들을 심방했다. 또한 자신의 집에 손님을 따뜻하게 맞이하고, 주일학교를 도우며, 교회위원회에서 봉사하고, 히피들과 세계 여행자들을 도와주었다. 그들은 깊은 기도의 사명을 감당하고, 수많은 사람들을 그리스도께로 인도했다. 그들 부부는 에나가 암으로 주님 품에 가기까지 열매가 풍성하고 흥미진진한 사건들로 가득한 9년의 기간을 선교 현지에서 보냈다. 헤리는 아프가니스탄 사람들과 그곳의 일을 몹시 사랑한 나머지 아내를 먼저 하늘로 보내고도 혼자서 4년을 더 머물러 있었다. 그들은 이렇게 은퇴 후 여생을 그리스도를 위해 하늘에 투자했다.

14. 자비량 선교에 있어서 선교회의 중요한 위치

성령이 가라사대
내가 불러 시키는 일을 위하여 바나바와 사울을 따로 세우라
사도행전 13 : 2

세계 선교를 위한 미국 본부(U.S. Center for World Mission)의 랄프 윈터 박사는 "기독교 2천 년 역사의 경험을 보았을 때, 단일 문화권 전도의 한계를 뛰어넘지 못하고 있다. 아직 예수 그리스도를 구주와 주님으로 알지 못하는 세계 인구의 대다수에게 초문화적으로 효과적인 선교를 할 수 있는 유일한 기구는 바로 선교회이다."라고 역설했다. 그는 또 "오늘날 세계에 산재해 있는 비기독교 인구 6분의 5 가량이 문화의 장벽 저편에 있으며, 이것은 문화의 장벽 위로 다리를 놓아야만 복음 전파가 가능하다는 것을 의미한다. 이렇게 아직 복음을 접해 보지 못한 사람들에게 효과적인 복음을 전하기 위해서는 선교 기관이 반드시 필요하다."고 강조했다. 그는 계속해

서 다음과 같이 말하고 있다.

"이 지구상에 사는 대다수의 인구는 아프리카와 아시아에 밀집되어 있는데, 크게 중국과 힌두교 지역, 회교 지역으로 나뉜다. 이 지역에 크리스천 사회가 있다면 극소수에 불과하다. 이처럼 엄청난 수의 전도 대상자들에게 효과적으로 복음을 전하기 위해서는 자국이든지, 아니면 타국이든지간에 하나의 표준적인 선교회가 문화의 장벽을 뛰어넘은 전문적인 선교 기구들이 필요하다."

성령께서는 안디옥 교회에서 바나바와 사울을 불러 제 1차 선교 여행을 보내실 때도 비슷한 선교 체계를 세우셨다. 주님께서는 아프가니스탄의 선교를 위해서 우리가 하나의 연합된 복음주의 선교회를 설립하게 하셨다. 이 선교회는 여러 다양한 기관들에서 일하는 직원들로 이루어졌다. 1973년에 이르러 이 선교회는 13개국에서 파견된 20여 개 기관들을 대표하는 135명의 회원을 확보하고 있었다. 회원은 해외의 기관들로부터 국제아프가니스탄선교회(International Afghan Mission)에 파견된 일꾼들이었다.

이렇듯 텐트메이커들에게 주어진 엄청난 전도의 기회를 생각하면서 윌리엄 댄커 박사는 20세기 교회에 대해 "대체적으로 해외에 나가는 대부분의 평신도들에게 개인적으로 선교의 소명을 심어 주는 데 실패한 것으로 드러났다."고 평가했다.

성경과의료선교회(Bible and Medical Missionary Fellowship)의 앤드류 다이몬드는 "많은 텐트메이커들이 경험 있는 선교회들을 통해서 좀 더 정확한 정보와 충고를 얻었더라면, 훨씬 더 효과적으로 일할 수 있었을 것이다."라며 이 실패의 원인을 선교 기구들에게 돌리고 있다. 그처럼 많은 텐트메이킹 계획들이 실패로 돌아가는 이유가 과연 어디에 있겠는가?

기독학생회의 선교 비서였던 존은 "필리핀에서 일하는 동안 나는 그곳에서 지속적으로 도움을 주었던 평신도들을 사귀었는데, 그들은 대부분 점차적으로 현지에서 일하는 선교사들이나, 혹은 크리스쳔 사역자들과 교제를 나누게 되었다. 우리 중에 더러는 누군가의 지도 아래 있어야만 일을 바로 할 수 있다. 도움이 필요한 곳은 바로 여기다."라고 했다. 이와 같이 텐트메이커들도 선교 기관의 도움을 받지 않는다면 사도 바울의 말대로 그들의 일이 '허공을 치는 것' 같이 되고 말 것이다(고전 9:26).

로버트 커츠는 "해외에서 일하는 모든 평신도는 모든 선교회와 교회의 관심사가 되어야만 한다."고 말했다. 그는 더 나아가서 이들을 위한 예비 교육이 본국뿐만 아니라 해외의 현지에서도 제공되어야 한다고 강조한다. "평신도가 해외에 일하러 나갈 때는, 즉시 그들의 근무 현지에서 가장 가까운 교회와 선교회에 연결되도록 해 주어야 한다." 로버트는 또 해외에 근무하는 평신도가 분명히 내일의 선교사가 될 수 있다고 언급하면서, 텐트메이커들과 선교회가 밀접한 관계를 맺고 서로 협조할 것을 권장하고 있다.

인터크리스토(Intercristo)의 창시자인 필립 버틀러는 "선교사들이 방글라데시에서 봉사하고 있듯이, 크리스쳔 석유회사 직원들 역시 베네수엘라 석유회사에서 일하며 복음을 전하고 있다."고 말했다. 케인 교수 역시 "이 두 가지 형태의 선교사들 사이에 경쟁이 있어서는 안 된다. 둘 다 동일한 주님을 대표하고, 동일한 목적을 위해 일하며, 동일한 하나님의 나라를 추구한다."는 말을 하고 있다.

하워드 매슨 보우즈 박사는 이러한 협력의 부족은 종종 텐트메이커들 자신에게서 비롯된다고 설명하고 있다.

"복음주의적인 기독교에 최근 강력한 개인주의 가치관이 뿌리 내리고 있다. 그 결과 많은 젊은 남녀 신자들이 독자적으로 세계 복음화에 헌신하려 한다. 이것이 바람직한 목표일지는 모르나, 지식이 없는 열심으로 흐를 수 있어서 결국 좌절과 실의에 빠지거나 고통스러운 재평가를 받지 않으면 안 되는 상황에 처하게 되고 만다."

이란의 팔라비대학교에서 4년 동안 가르쳤던 스탠리 앤더슨 박사는 다음 글에서 자신의 경험을 이야기하고 있다.

"우리가 이란에 다시 간다면 단과대학이든 종합대학이든, 산업체이든 아니면 정부 기관이든간에 미국에 본부를 둔 기관과 제휴하기 위해 노력할 것이다. 우리는 또한 현지의 정규 선교회와 현지 동반자 자격으로 제휴할 것이다. 그러한 제휴는 그 나라에 이미 가 있는 경험 있는 선교사들과 교제를 나누게 해 줄 뿐만 아니라, 정규 선교회에 동참함으로 혜택을 받을 수 있게 해 줄 것이다. 여기에는 또한 자기 스스로 생활비를 벌어가며, 소속 선교단체들에 대한 책임감을 느끼게 해 줄 수가 있다. 사도 바울은 우리에게 좋은 모범을 제공해 주고 있다."

매슨 보우즈 박사는 또한 이렇게 기록하고 있다.

"새로운 아이디어들을 자유롭게 나누고 심각한 실수를 범하지 않도록 도움을 줄 수 있는 노련한 선교사들과 제휴하는 것은 매우 중요하다. 집주인과의 문제, 교통, 물건 사는 일, 남녀간의 접촉, 새로운 사회 환경에 적응하는 데서 오는 무수한 좌절을 극복하는 일은, 이미 그러한 과도기를 잘 극복한 사람들과 계속적인 교제 속에서 해결될 것이다.

평신도들이 여러 가지 문제들을 이해하고 있는 선교사와 접촉을 통해서 새로운 문화를 배우게 되면, 현지의 언어와 문화적인 민감성이 얼마나 중요한지 깨닫게 될 것이다. 선교 기관은 자비량으로 복음을 전하고자 하는 평신도 선교사들을 기꺼이 받아들이고 그들이 기여할 수 있는 가능성을 인식해야만 한다. 또한 자비량으로 복음을 전하고자 하는 선교사들도 마찬가지로 좀 더 제도화되고 지속적인 선교를 추구하는 정규 선교 기관의 가치를 인정해야 한다. 둘 다 존재 가치가 있고, 둘 다 해야 할 일이기 때문이다. 서로를 인정하면 서로에게 보완이 되듯, 두 그룹 사이에 창조적인 협력이 이루어질 수 있다. 아마 자비량으로 복음을 전하는 평신도 선교사들이 준회원 자격으로 선교 기관과 제휴한다면, 상호간에 교제와 협력을 하면서 자유롭게 자기 자신의 목표를 추구해 나갈 수 있을 것이다. 이들 중에 더러는 수입이 넉넉하지 않기 때문에 선교의 일들을 효과적으로 수행해 나가기 위해 재정적인 후원을 필요로 하게 된다. 또한 자녀 교육비와 여행비가 엄청나게 들 것이다. 그리고 자국의 높은 문화 생활에 익숙해 있기 때문에 현지인들보다 생활비가 더 들게 된다.

거의 모든 선교 기관들이 선교사들의 휴식을 위한 일시 귀국, 본국의 후원 교회들과 그 밖의 후원자들과의 연락, 새로운 훈련의 필요성을 인식하고 있다. 그러한 휴가를 위한 재정적인 관리를 선교 기관이 담당하고 있다. 그러나 자비량으로 복음을 전하고자 하는 평신도 선교사들은 대개 그러한 뒷받침이 없다. 본국에 돌아오고 싶을 때는 자비로 여행해야 되고, 가르치는 방면에서는 일자리를 구하지 못할 경우도 종종 있다."

선교회의 중요한 위치

「미션 핸드북」(Mission Handbook, Published by World Vision's MARC)에 의하면 평신도 선교 혹은 자비량으로 복음을 전하는 일에 관계된 사람들과 연관되어 있는 것으로 보고된 선교 기관이 84개에 달한다. 그들이 하는 일이 무엇인지 알아보기 위해서 나는 200개의 선교회에 자료를 요청하는 편지를 보냈다. 회답을 한 기관들은 대부분 좀 더 많은 일을 해야 한다는 것을 알고 있었다. 또한 비공식적인 수준에서 텐트메이커들을 도와주고, 또 그들로부터 도움을 받고 있는 정도라고 답변해 왔다.

거기서 발견한 것은 선교 기관들이 전에 없던 이 기회를 포착하여 텐트메이커들과 효과적인 협력 선교를 위한 프로그램을 개발하고 있다는 것이었다. 조사된 선교회 가운데 더러는 한 교회나 교단 전체를 대표하는 형태였고, 나머지는 초교파적인 협력체나, 혹은 한 교회 안에 특별한 관심을 갖는 그룹들이 후원하는 형태를 취하고 있었다.

이들 가운데 몇몇을 선택해서 그들이 갖고 있는 유용한 프로그램을 여기에 소개하고자 한다. 다음은 여러 선교단체들이 보내온 답장에서 그들이 하고 있는 일에 관한 내용들 가운데 몇몇 예들만 간추려 뽑은 것이다. 그 선교단체들을 영어의 알파벳 순서로 소개한다.

미국 침례교회 국제선교부(American Baptist Church International

Ministries)는 가까운 시일 내에 '그리스도의 사신'으로서 해외에 나가 일반 직업을 갖고 일할 평신도들을 위한 프로그램을 갖고 있다. 이 선교회는 또한 자비를 들여 전세계의 필요한 지역에 가서 도움을 줄 자원자들을 환영하고 있다.

Bible and Medical Missionary fellowship은 텐트메이커들과 그들의 선교회와의 사이에 효과적인 모색하는 일을 개척하는 데 많은 기여를 했다. 이들은 International Service Associates로 불린다. 그들이 재정적으로는 자립하고 있으나 선교회의 신조에 동의하고 지역 회의나 혹은 그 밖의 다른 모임에 참석해서 기도의 교제를 나누고 서로 협력을 도모하고 있다. 이 기관의 총무였던 레이몬드 윈저 박사는 자비량 선교에 대해 이렇게 말하고 있다.

"자비량으로 복음을 전하는 크리스천 선교사들이 언젠가는 전통적인 선교사들을 앞지르게 될 것입니다. 나는 그 발전 속도가 느린 데 대해서 다소 실망하고 있습니다. 이것은 우리가 교회와 학생 그룹, 직업인들에게 텐트메이커를 소개하는 사람들을 보내지 않고 있기 때문일 것입니다. 대부분의 잠재적 선교사들은 직접 현지에 가서 얼굴과 얼굴을 대하고 권면한 결과 감동을 받아서 선교사로 헌신할 것을 결심합니다. 이것이 바로 자비량선교가 느린 성장율을 보이고 있는 이유입니다."

Christian and Missionary Alliance의 윌리엄 컬 목사는 평신도 훈련에 대해 이렇게 강조한다.

"세계 선교에 평신도들을 끌어들이지 않고서는 결코 이 과업을 성취할 수 없을 것입니다. 우리 선교회는 현재 세미나나 연장 신학교육, 혹은 야간학교를 통해서 해외에 나갈 평신도들이 철저한 성경 공부와 그들이 갈 나라의 역사 공부와 문화 형태에 관한 연구를 하게 해서, 정규 선교사들이 갈 수 없는 나라에 복음을 전하게 할 프로그램을 개발하고 있습니다. 선교회는 교회를 일깨워서 평신도들이 기독교 복음 전파에 관여할 필요를 인식하도록 지도해야 합니다."

Canadian Baptist Overseas Mission Board의 존 키이스 박사는 그들이 해외에 나갈 때 추천서를 써 주는 방법에 관해 언급했다. 이것은 아볼로가 아가야로 건너가고자 할 때에 에베소 교회가 편지를 써 준 것과 비슷한 방법이다(행 18:27). 키이스 박사는 "선교 본부와 직접적인 유대를 맺지 않고, 그 유대 관계가 편지나 추천서를 통해서 공식화되지 않으면, 평신도들이 기존 그룹에 어울려 동화되기가 쉽지 않습니다."라고 말한다. 아프가니스탄에서 목회를 한 경험을 가진 Christian Reformed World Missions의 에드워드 밴 백 목사는 텐트메이커들에게 정기적으로 간행되는 편지에 도움이 될 만한 정보를 담아서 보낼 계획에 관해 언급하기도 했다.

Conservative Baptist Home Mission Society의 루퍼스 존스는 다음과 같이 이야기한다.

"나는 오늘날 세계 복음화는 외국에 나가서 일반 직업을 갖고 일하는 평신도 크리스천을 통해서 이루어져야 한다는 것을 확신합니다. 그러나 그들이 문화의 장벽을 뛰어넘어 효과적으로 복음을 전하기 위해서는 먼저 그들이 문화에 익숙해져야 할 뿐만 아니라, 또한 그 문화 속에 좋은 면이 있음을 깊이 인식해야만 합니다. 그 외에도 그들은 다른 나라 사람들에 대한 사랑이 있어야 하고, 그들이 하나님의 형상에 따라 지음을 받았으며, 예수 그리스도께서는 우리들뿐만 아니라 그들을 위해서도 십자가를 지셨다는 사실을 인정해야만 합니다. 무엇보다도 그들은 개인적인 출세나 회사의 유익을 추구하기에 앞서 하나님의 나라와 그의 의를 구해야만 합니다. 그들이 내리는 모든 결정과 그들이 취하는 모든 행동, 그들이 파송된 나라에서 만나는 사람들과 맺게 되는 모든 관계에서 기독교 윤리가 나타나야만 합니다."

온두라스에서 일하고 있는 같은 선교회의 조지 패터슨은 텐트메이커들에 대해 다음과 같이 이야기한다.

"우리는 텐트메이커들과 선교회의 협력 관계에 있어서 상당한 경험을 했습니다. 그 협력의 결과가 아주 긍정적인 때도 있었고, 부정적인 때도 있었습니다. 텐트메이커들이 문화에 적응하려는 노력을 거의 하지 않는 것이 가장 큰 문제였습니다. 그들은 하나님의 영이 현지 주민들의 심령 속에 역사하셔서 그들이 교회에 참석할 수 있도록 해 줄 사랑을 일으켜 주실 만큼 충분한 교제를 나누지도 않고, 그들이 필요로 하는 것들에 민감한 반응을 보이지 않는 경우도 있었습니다.

반면, 우리는 또한 일시 방문한 크리스천 실업가들에게서 큰 도움을 받았는데, 그들은 우리가 미래 사업들을 하도록 도와주었습니다. 그들은 또한 우리가 물품 구입처들을 찾는 데 정보를 제공해 주었고, 실제로 도움이 될 만한 거래처들을 알선해 주었습니다. 이들은 또한 우리가 연장 성경학교(Extension Bible Institute)와 사회 사업 프로그램을 위한 교재를 쓰는 일도 도와주었습니다. 간호사는 어느 정도 글을 깨우친 사람들을 위한 응급 처치법에 관한 책을 쓰는 일을 도왔고, 치과의사는 치 위생에 관한 책을 집필했습니다. 보건소 직원은 영양 관리에 관한 책을 썼고, 인문과 학생은 협동조합을 조직하는 안내서를 쓰는 일을 도왔습니다. 재봉사는 바느질에 관한 책을 썼고, 음악인은 교회 음악에 관한 책을 만들어 냈습니다."

극동방송국(Far East Broadcasting Company)의 유진 버터만은 전파 선교에 대한 다음과 같은 이야기를 해 주었다.

"진실한 크리스천으로서 일반 직업을 따라 해외에 나가서 일하는 많은 사람들이 우리의 방송 선교 활동과 아주 밀접한 관계를 맺고 있습니다. 동경에 있는 우리의 방송국은 일반 사회와 좋은 유대 관계를 맺고 있고, 또 그들의 도움을 받고 있습니다. 이것은 그들로 하여금 사업계나 정치계의 동료들에게 효과적으로 복음을 전할 수 있게 하고, 그 나라의 크리스천들이나 교회와 더불어 의미있는 교제를 나눌 수 있게 해 줍니다. 우리는 그들이 경제적으로 자립할 뿐만 아니라 실제적으로 선교 사업을 도와준다는 것을 체험했습니다."

International Christian Fellowship의 페이젯트 목사는 선교 계획에 대해 이렇게 썼다.

"우리가 계획을 세우고 또 그것이 아주 실제적인 필요를 채워 줄 것으로 생각하고 있음에도 불구하고, 이 날까지 우리는 아무에게서도 반응을 얻지 못하고 있습니다. 내 생각에는 우리 모두가 이 계획을 크리스천 실업가들 앞에 제시해야 할 필요가 있다고 봅니다. 우리는 텐트메이커들을 공급할 수 있는 최선의 방법을 강구할 필요가 있습니다."

International Missions의 총재 빌 탈터는 "해외에 파견된 직업인들은 우리에게 엄청난 도움을 주었습니다. 그들을 생각하면 우리가 일방적으로 도움을 받기만 했기 때문에 부끄러운 마음을 금할 수 없습니다. 의심의 여지 없이 우리는 그들을 위해 좀 더 많은 일을 할 준비를 해 두었어야만 했습니다."라고 했다.

Language Institute for Evangelism의 로라 랩은 "삼 년 동안에 우리는 일본의 동경에서 어떤 자매를 자비량 전도자로 일하게 한 적이 있었습니다. 그 자매는 자원자로서 우리의 학생회 사무실에 나와서 매주 저녁에 영어를 가르쳤습니다. 우리는 그녀에게 그리스도를 전할 기회와 장소를 마련해 주었습니다."라고 텐트메이커의 경험담을 이야기했다.

Mennonite Brethren Missions & Services의 총무인 버논 위비는 그들이 자기직업을 따라서 기독교 복음을 전하고자 하는 사람들에게 상담과 구직 안내, 기도 후원과 격려를 통해서 도움을 줄 정책을 갖고 있다고 했다.

네비게이토 선교회는 선교 협력자들을 위한 프로그램을 처음 시작했다. 이 선교회의 책임자인 윌리엄 스렐켈드 박사는 자비량 선교사의 요건을 다음과 같이 말하고 있다.

"우리는 하나님께서 세계적으로 자비량선교사들의 영역을 통해 일하고 계신 것을 보며 흥분을 감추지 못하고 있습니다. 우리가 요구하는 핵심적인 조건은 두 가지입니다. 첫째, 제자 삼는 일에 경험을 가진 사람일 것, 둘째 자비량 선교를 위해 해외에 나가서 일할 수 있는 직업이나 전문 기술을 가진 사람이어야 한다는 것입니다. 이것은 개척 분야의 일이라 한 번에 한 단계씩, 그 일을 개발해 나갈 길을 보여 주시도록 하나님께 맡기고 기도하고 있습니다. 현재까지의 경험으로는 이것이 개개인의 크리스천들이 그리스도를 섬길 수 있는 하나의 효과적인 방법으로 보입니다."

이 프로그램에 관해 네비게이토선교회는 정책 자료집에서 다음과 같이 밝히고 있다.

우리는 다른 선교협력자들과 네비게이토 간사들이 함께 팀을 이루어 해외에 나가서 일반 직업을 가지고 생활을 하면서 선교의 일도 할 수 있는 사람이 필요하다. 이들은 훈련과 경험을 통해서 자격을 갖춘 남녀 텐트메이커들이다. 이상적인 조건은 같은 지역에서 일하며 복음을 전할 여러 사람의 선교 협력자들을 필요로 한다. 그들은 전도서 4장 9, 10절의 "두 사람이 한 사람보다 나음은 저희가 수고함으로 좋은 상을 얻을 것임이라 혹시 저희가 넘어지면 하나가 그 동무를 붙들어 일으키려니와 홀로 있어 넘어지고 붙들어 일으킬 자가 없는 자에게는 화가 있으리로다."라고 했던 성경의 원리를 충분히 이용할 수 있을 것이다. 그 외에도 네비게이토 간사들과 가까운 곳에 거주해야 한다. 그래야 선교 협력자들이 네비게이토 간사들의 계속적인 감독을 받아서 영적으로 고립되지 않을 수 있기 때문이다. 그리고 선교 협력자들은 지역 교회들과 연결되어 해외의 크리스천 공동체에 꼭 필요한 지체들이 될 수 있을 것이다. 이러한 형태의 관계는 좀 더 효과적인 근무 환경과 선교 환경을 마련해 주고, 또한 현지의 주민들이 제자를 삼는 훈련을 목격하게 해 줄 것이다. 해외에 나가서 일반 직업을 갖는 이유로는 주로 다음 네 가지가 있다. 1) 자신의 생활비를 벌기 위해서(자비량) 2) 그 나라 국민에게 사회적인 기여를 하기 위해서 3) 제자를 삼을 사람들을 접촉할 기지를 마련하기 위해서 4) 해외에 있는 크리스천교회와 공동체들과 관계를 맺기 위해서이다. 네비게이토 선교회가 선교 협력자들에게 직업은 구해 줄 수 없을지라도 최선의 기회에 대해 지도와 제안들을 제공해 줄 수 있다.

North Africa Mission의 총무 대리인 윌리엄 벨은 프랑스에서 다음과 같이 편지를 썼다.

우리는 이러한 형태의 프로그램에 10년 정도 직접 관여해 왔는데, 이것은 전망할 수 있는 가까운 미래에 있어서 우리의 전체적인 사역의 중요한 부분을 차지할 것입니다. 우리는 회원제도를 창설했는데, 이 방법이 많은 효과를 볼 것으로 믿습니다. 텐트메이커들은 우리 선교회의 정회원입니다. 전체 약 100명의 선교사들 가운데 현재 12명이 포함되어 있습니다. 이들은 모두 해외의 직업을 구하기 전에 일반적인 선교의 경험을 쌓았기 때문에 언어와 문화에 대한 준비가 잘 갖춰져 있습니다. 우리의 기본적인 전제는 주님을 섬길 헌신적인 자세와 강력한 소명감을 갖고 자기가 받은 일반 직업의 훈련과 경험을 사용하여 주님을 섬길 곳을 찾을 준비가 되어 있는 사람들을 찾아내야 한다는 것입니다. 그들의 우선 순위 개념 속에는 직업적인 성취 의욕보다 영적인 사역에 대한 열망이 앞서 있어야 할 것입니다. 그들은 자기의 직업을 일시 보류하고서라도 상당한 기간(4년씩 두 번) 동안에 필요한 언어와 문화 훈련을 받게 될 것입니다.

우리는 우리 선교회와 같은 회원 제도가 그 회원들에게 지속적인 교제와 영적인 지도를 제공합니다. 또한 본국과 해외에서 필요한 행정적인 뒷받침을 해 주며, 하나의 지속적인 사역에 참여할 가능성을 증가시켜 주고, 근무 계약이 끝나서 현지를 떠나야 할 때는 언제나 그 완충 기간 중에 다른 일을 할 수 있는 기회를 마련해 주는 등 여러 도움을 줄 것으로 믿습니다. 우리는 그들이 다른 선교사들이 하는 것과 동일한 방법으로 개인적인 기도와 재정적인 후원을 얻도록 격려하고 있습니다. 우리는 이 원리가 효과적이라는 것을 여러 번 경험했습니다.

예를 들면, 어떤 의료 선교사가 병원을 개업하여 여러 해 동안 일하던 모로코에서 추방을 당했습니다. 그와 그의 가족은 북아프리카의 튀니지 정부가 운영하는 병원에서 다시 일을 시작할 때까지 약 18개월 동안 정규 선교사들이 받는 재정적인 지원을 받았습니다. 또 다른 예로, 튀니지에서 영어를 가르치던 한 여성 회원이 석사학위 공부를 위해 1년 간 쉬게 되었습니다. 공부하는 동안에 그 회원은 정규적인 선교비 지원을 받을 수 있었습니다.

국제회의에서 우리는 '크리스천 직업인들을 위해 문화 적응과 효과적인 선교에 강조점을 둔 세미나를 연례적으로 가져야 한다' 는 제안을 받아들였습니다.

같은 선교회의 총무인 아브라함 위비 목사는 영적 보살핌의 주요성에 대해 이렇게 이야기한다.

"해외에 나가는 사람들은 준회원이나 정회원의 자격으로 기존 선교회에 적절히 연결되어야 합니다. 그래야 그들이 올바로 모집되어 해외 생활에 잘 적응하고, 바로 훈련을 받아서 그들의 사역을 잘 수행해 나아가며, 다른 전임 선교사들과 마찬가지로 잘 견뎌낼 수 있습니다. 그들을 받아들여 함께 교제할 그룹을 갖고, 선교회의 다른 회원들과 마찬가지로 영적인 보살핌을 받게 될 것입니다. 나는 아무 감독도 받지 않고 독자적으로 해외에 나가서 혼자 생각으로 교회를 개척하는 고독한 선교사들에 대해 별로 호감을 갖고 있지 않습니다. 텐트메이커 선교사는 거기에 모험이 뒤따른다는 사실을 인식해야만 합니다. 그가 개인적으로 일한다면 아마도 몇 년 못가서 떠나라는 요청을 받게 될 것입니다."

Open doors의 브라더 앤드루는 편지에서 이렇게 말했다.

"솔직히 말씀드리면 당신이 편지에 언급하신 일은 벌써 오래 전에 했어야 할 일입니다. 나는 특별히 이 가치있는 일에 하나님께서 기름을 부으셔서 전세계의 수많은 크리스천들이 필요한 협력을 할 수 있도록 기도하겠습니다. 우리 자신들에 관해서, 우리가 이미 일반 직업을 가진 크리스천들과 함께 제한된 지역에서 복음을 전하기 위해 협력해 온 지

오래 되었습니다."

같은 선교회의 애드 니털런드는 "우리의 기지 가운데 몇 곳에서는 정상적인 사업 활동을 통해서 많은 사람들과 자연스럽게 접촉할 수 있는 이점을 이용해서 성경을 보급했습니다. 또 어떤 경우에는 고난 당하는 교회 교인을 돕기도 했습니다."라고 말했다.

Overseas crusades의 해외 현지 책임자였던 제임스 몬트가머리는 이렇게 이야기했다.

"이 시점에서 우리는 자비량 선교에 관계된 프로그램을 갖고 있지 못합니다. 만일 해외에 나가 있는 4백만 북미주 시민들 가운데 복음주의 크리스천들이 차지하는 비율이 미국 내의 경우처럼 20퍼센트만 된다 하더라도 세계 어딘가에 80만 명의 크리스천이 퍼져 있다는 계산이 나옵니다. 이들이 동원되기만 한다면 선교와 전도를 위해서 얼마나 큰 힘이 되겠습니까? 우리는 윌슨 박사님의 책에 분명히 관심을 가질 것입니다. 그 책은 우리에게 정보와 동기를 제공하여, 이러한 사람들을 적극적으로 개입시킬 수 있게 해 줄 것입니다."

해외의 텐트메이커들에 관계된 프로그램을 갖고 있는 또 하나의 기관은 Overseas Missionary Fellowship이다. 싱가포르에 있는 아시아지역 책임자 데니스 레인은 이렇게 대답했다.

"해외에서 일반 직업을 가지고 자비량으로 복음을 전하는 크리스천들이 어떤 선교회와 제휴하기를 원한다면, 그들이 비공식적인 유대 관계를 맺는 것보다 차라리 그 선교회의 정회원이 되는 것이 더 나을 것입니다. 우리는 이런 테두리에 들어가는 사람들을 많이 확보하고 있습니다. 그들 중에 하나는 쿠알라룸푸르대학교에서 유전학을 강의하며 하나의 완전한 프로그램을 이끌어 가고 있습니다. 정부 당국은 그 여교수가 우리의 회원 중에 하나임을 알고 있습니다. 그녀는 이렇게 일하는 것을 더 좋게 여기고 있습니다. 이것은 우리 선교회의 모든 설비가 그 여교수에게 개방되어 있음을 의미합니다.

또 다른 회원과 그의 부인은 둘 다 자격을 갖춘 지구 물리학자로서 지금 인도네시아에서 교수로 일하고 있습니다. 그들은 독자적으로 일하는 것보다 정회원이 되어 우리와 정규적인 관계를 맺고 일하는 것을 바람직하게 생각하고 있습니다. 이와 비슷한 방법으로 우리는 방콕에서 동물학을 가르치는 시간 강사와, 태국의 치앙마이대학교에서 외과학을 가르치는 교수와, 또 다른 대학에서 약학을 가르치는 교수를 확보하고 있습니다. 약학을 가르치는 교수는 이 학교에서 가르치는 동안에 기독대학생회와 맞먹는 모임을 시작하여 오늘날의 태국 크리스천 대학생회(Thai Christian Students)로 발전시켰습니다.

우리는 또한 의료 혜택도 제공할 수 있었습니다. 어떤 때에는 우리가 시간제 직장을 알선하여 좀 더 크리스천 사역에 시간을 투자할 수 있도록 도와주기도 했습니다. 아시아에서는 대학 교수가 맡게 되는 강의가 많아 부담이 아주 큽니다. 재정적인 지원을 함으로써 우리는 그들이 시간제 강사로 일하며 겪는 부담을 덜 수 있게 합니다. 그들이 만일 우리와 완전한 관계를 맺고, 우리와 함께 나누기를 원할 경우에는 우리의 정회원들이 선교비를 모금하여 우리 선교회의 일반 수입에 넣듯이, 그들의 봉급을 우리의 공동 기금에 넣게 합니다. 그러나 공식적인 연결이 없더라도 우리는 그러한 사람들과 함께 일하기를 원하며, 또한 그들과의 교제를 환영합니다."

PAC(Pentecostal Assemblies of Canada) 해외선교부의 실무 책임자였던 칼맨 린은 다음과 같이 말했다.

"우리 선교부에는 산업체나 정부기관의 일로 해외에 나간 교인들이 몇몇 있습니다. 우리는 '직업을 따라 일하는 선교사들'이라는 제목 아래 이들을 소개하는 글을 써서 보냈습니다. 자비량으로 선교하는 이 평신도들은 선교회의 활동과 아주 밀접한 관계를 맺고 있습니다. 실제로 그들은 우리 선교부의 일부로 간주되었습니다. 우리는 연례 선교학교(Annual School of Missions)에 대대적으로 광고를 하고, 해외에 관심을 가진 평신도들에게 알리고 있습니다. 이것은 해외선교부의 보조와 함께 케냐 정부의 봉급을 받으며, 그 나라의 공립학교에서 가르칠 교사, 선교사들을 모집하는 일 외에 별도로 추진하는 사업입니다. 이들은 정규적인 평신도 선교사들로 대우를 받고, 또한 우리가 캐나다에서 제공할 수 있는 예비 교육과 케냐에서 제공하는 언어 학습과정을 택할 것으로 기대됩니다."

텐트메이커들과 적극적인 관계를 맺고 있는 캐나다의 또 다른 기관은 캐나다 장로교회 세계선교회(The Board of world Mission of the

Presbyterian Church in Canada)이다. 그들의 해외사업 담당 비서인 얼 로버츠는 이렇게 말했다.

"우리 세계 선교회는 수년간 직업을 따라 해외에 나가는 평신도들을 통해 선교 사업의 가능성을 의식하고 '해외의 평신도들'(Laymen Abroad)로 알려진 부서를 두었습니다. 캐나다장로교회가 해외의 일을 수락할 때, 우리 선교회는 개개인의 요청에 따라 그들을 남녀 선교사로 인정하고 실제 선교 업무에서 그들의 재량에 맡길 수 있습니다. 이들은 외국의 정부나 대학교나 산업체, 혹은 캐나다 정부의 해외 주재 직원으로 채용될 수 있습니다. 그러한 사람들을 선교사로 인정하는 데 있어서 우리는 그들의 정규적인 선교사 후보들이 거치는 소정의 절차를 밟게 하고 있습니다. 합격이 되면 노회가 그들을 선교사로 지명해서 세우고 그들이 가서 일하게 될 기관이나 직장에 관계된 가장 적합한 예비 교육을 받게 합니다.

우리 선교부는 이러한 평신도들의 선교적인 소명이 그들의 일반 직업을 따라 일상 생활을 해 나가는 과정에서 성취될 수 있음을 인정합니다. 우리는 또한 그러한 평신도 선교사들을 현지 교회에 연결시켜서 영적인 보살핌을 받게 해 줍니다. 우리 선교회는 정상적으로 그들의 예비 교육에 들어가는 비용과 선교회가 그들에게 맡기는 다른 임무들에 들어가는 비용 외에는 아무런 재정적인 의무를 지지 않습니다.

이 프로그램을 통해 우리는 취직을 하거나 여행을 하기 위해 해외에 나가는 캐나다 장로교인들을 가능한 한 많이 접촉하려고 노력하고 있습니다. 우리 선교회에 연락을 하고 해외 자원봉사의 가능성을 타진

해 오는 사람들이 점점 더 많아지고 있습니다. 이들 중에 상당수가 나이가 많은 사람들이고, 중년층도 더러 있습니다. 그들은 여비와 숙박 시설 이외에는 아무 것도 바라지 않고 일을 하겠다고 말하고 있습니다. 이들은 개인 재산이 있거나 일찍 퇴직을 하여 연금으로 생활을 할 수 있는 사람들입니다. 이들 중에 많은 사람들이 아주 훌륭한 자격을 갖추고 있어서 해외의 교회들보다는 일반 회사나 기관들이 그들의 기술을 더 잘 활용할 수 있을 것입니다. 우리 선교부는 적합하다고 판단될 때, 이들을 특수 선교사들로 지명해서 그들의 능력에 가장 적합한 해외의 임무를 맡길 준비가 되어 있습니다."

미국 장로교회(Presbyterian Church in the United States) 국제선교부장 탐슨 브라운 박사는 이렇게 이야기한다.

"최근에 우리는 '선교 자원자들'을 지명할 것을 독려했습니다. 이들은 봉급을 받지 않고 일하고 있습니다. 선교부는 몇몇 경우들에 있어서 여행 경비와 최소한의 생활비를 지급하고 있을 뿐 이들에 대한 재정적인 지원의 의무를 지지 않습니다. 이들 중에 상당수는 대학이나 기술학교를 졸업한 젊은이들로서 해외에 나가 한두 해 정도 일하고자 자원한 크리스천들입니다. 우리는 해외의 일반 대학교나 기관들에서 교수나 직원으로 일하여 받는 봉급으로 적어도 선교비의 일부를 담당할 수 있는 선교사들의 수가 점점 더 많아지고 있습니다."

Regions Beyond Missionary Union 역시 해외에 나가 자기 생활비를

벌면서 이 기관과 좀 더 밀접한 관계를 맺고 사역을 함께 나누고자 하는 크리스천 실업가들과 전문 직업인들을 선교 협력자의 범위에 넣고 있다. 지원자들은 정규 선교사들과 동일한 영적 자격을 갖추어야 한다.

  Southern Baptist Convention은 평신도 해외선교회(Foreign Mission Board for Laymen Overseas)라는 특별 기구를 두고 있다. 그들은 거의 10만 명에 달하는 남침례교회 교인들이 해외에 나가서 일하고 있는 것으로 추산한다. 선교회는 이들을 도와줄 뿐만 아니라 교인들이 가서 일하는 곳에서 그리스도의 복음을 전파하도록 격려해 줄 하나의 완전한 프로그램을 갖고 있다. 이 프로그램은 전세계를 복음으로 제자화할 총력 선교의 일환으로 채택되었다. 해외에 나가서 일하는 남침례교회 교인들은 선교회 사무실에 그들의 신분을 보고하는 일에 있어서 게으르지 않다. 그 보고 사항에는 이름, 목적지, 체류 기간, 고용주, 동반 가족 이름, 자녀들의 나이, 담임 목회자와 교회 주소, 그리고 가능할 경우 자기들의 영적 상태에 대한 진술서가 포함된다. 이러한 보고를 하고 나면 대개 그들의 목회자에게 자료를 보내어 개인적으로 만나서 전달하게 하고, 앞으로 관여하게 될 선교에 대한 책임을 놓고 의논할 기회를 갖게 한다. 이것은 또한 기도할 기회를 마련해 준다.

  개인이나 가족을 위해서 특별히 준비된 자료는 다음과 같은 것들을 포함한다.

  1) 만일에 현지에 영어로 예배드리는 교회가 있을 경우는 그 교회의 이름과 주소와 안내서와 함께 그러한 해외 교회들이 하는 일을 소개한 「해외에 흩어진 자들」(Scattered Abroad)이라는 소책자를 준다. 2) 출발 전이나 도착시 현지에서 접촉할 목회자나 선교사의 이름과 주소를 준다. 이 주소와 함께 두 권의 책자가 제공되는데, 하나는 해외에서 일하는 모든 남침례회 평

신도들의 이름, 주소와 하는 일을 수록한 「선교사 주소록」(Missionary Directory)이고, 다른 하나는 2천7 백 명 이상에 달하는 남침례교회 선교사들의 명단을 그들이 가서 일하는 세계의 84개 나라와 영토별로 구분한 주소록이다. 3) 또한 해외 생활의 적응과 선교와 그곳에 사는 동안에 해야 할 일들에 관한 제안들을 담은 「남침례교회 평신도들의 해외 임무」(Southern Baptist Laymen on Assignment Abroad)라는 소책자를 준다. 4) 선교사들이 일하고 있는 각 나라들을 간략히 소개한 「당신의 침례교 선교 사업을 알라」(Know Your Baptist Missions)라는 소책자를 준다. 5) 해외 여행을 하는 사람들에게 도움이 되는 정보를 담은 「비공식적인 선교사」(Unofficial Missionaries)라는 소책자를 준다. 6) 또한 그들 교회의 정규적인 예배를 마친 직후에 가질 수 있는 헌신예배 순서에 관한 제안을 담은 소책자도 준다. 이 헌신예배는 매일 성경을 보고 기도하는 일에 충실할 것과 해외의 현지에 도착하는 즉시 그곳 교회에 참여할 것, 그들의 가정을 공개적으로 그리스도를 주님으로 인정하는 처소로 만들 것에 대한 서약을 포함한다. 헌신자들의 이와 같은 서약이 있고 나면 목회자와 교인들이 계속해서 관심을 갖고 그들을 위해 기도할 것을 서약한다. 7) 텐트메이커들이 가는 세계의 특수지역들에 관한 상세한 정보를 담은 소책자를 제공한다. 8) 또한 〈사명〉(The Commission)이라는 월간 선교 잡지를 보내어 그들을 격려한다.

외국선교회(Foreign Mission Board)도 역시 선교 협력자 프로그램을 깆고 있다. 이 프로그램은 자비로 해외에 나가 살면서 내과나 외과, 혹은 치과 의사, 의료인, 행정관, 교사, 선교사의 자녀들을 위해 학부모 역할을 해 줄 사람, 농업 기술자, 건설현장 감독, 서점 관리자, 사회 사업가, 캠프 책임자로서 정규적인 선교사업을 도와줄 평신도들을 모집한다. 그들은 또한 26세 이

하의 대학 졸업자들을 위한 2년 기간의 '단기수습 선교사프로그램' (Missionary Journeyman Program)을 갖고 있다.

나의 아내와 내가 1973부터 2년 동안 테헤란에 있을 때 우리는 남침례교 해외 평신도 프로그램이 진행되고 있는 것을 보았다. 그들은 이란의 복음주의 교회 건물을 빌려서 매주일 이른 아침마다 모여서 영어로 예배를 드렸다. 뿐만 아니라 텐트메이커들 중에 많은 사람들은 함께 근무하는 직장 동료들에게 효과적으로 그리스도를 전하고 있었다.

헤들리 윌다크는 이렇게 말하고 있다.

"수단내지선교회(Sudan Interior Mission)는 아프리카에 가서 살면서 일반 직장에 근무하고 있는 크리스천 평신도들과 교제하며 그들을 도와주는 것을 항상 귀한 일로 여겼습니다. 나는 국립 학교와 대학교에서 가르치는 교사들과, 미국 대사관 직원들, 군인들, 항공사 직원들, 많은 사람들에게 복의 근원이 되었던 열성적인 크리스천들과 함께 나눈 교제를 돌이켜 봅니다.

현재 나이지리아 정부는 보편적인 초등교육(Universal Primary Education) 프로그램을 위해 교사들을 모집하고 있습니다. 나이지리아 정부의 계획은 교사들을 훈련시킬 대학에서 가르칠 많은 교수들을 긴급히 필요로 하고 있고, 간접적으로는 그 나라의 중등학교에서 가르칠 교사들도 요청하고 있습니다. 내지선교회는 이것을 전도의 큰 기회로 보는 크리스천 교사들을 찾아내는 일을 돕고 있습니다. 수단내지선교회의 자격 표준에 도달한 사람들에게는 우리가 회원권을 부여하고 있습니다. 이 회원권은 미국에서나 나이지리아에서 수단내지선교회가 그들의 준비와 예비 교육을 도와줄 것을 의미합니다. 그들은 또한 수단내 지선교회의 설비를 사용할 수 있고, 서부 아프리카 복음주의 교회 (Evangelical Church of West Africa)와 유대관계를 맺고 진행해 나갈 수 있습니다. 더욱이 그들은 가족의 일부로 간주되어 선교회와 교회 모두가 더불어 교제를 나눌 기회를 갖게 될 것입니다."

United Chruch Board for World Ministries는 몇가지 유용한 제도를 운영하고 있다. 첫째, 해외에서 텐트메이커로 일하는 평신도들을 위한 회원 제도를 두고 있다. 둘째, 그들은 선교회의 지원을 받는 사람들 이외에 해외에 나가서 봉급 생활을 하며 교회에 관계된 일을 하는 100명 이상의 평신도들을 위한 선교 협력자 프로그램을 운영하고 있다. 자격 심사는 선교회나 고용 기관에서 한다. 셋째, 그들은 대개 제한된 기간에 자기 비용을 들여서 해외에 나가 일하는 선교 자원자 제도를 두고 있다. 여기에는 교사와 의사, 치과의사, 그리고 안식년을 맞이하는 사람들이 포함되어 있다.

〈뉴욕 타임즈〉는 5만 명 정도의 장로교인들이 해외에 나가서 일하고 있다는 기사를 실었다. 이 엄청난 기회에 부응하여 미국 연합 장로교회 (United Presbyterian Church in the U.S.A.)의 Program Agency는 '해외 협력자들' (Overseas Associates)이라는 회원 제도를 설치했다. 그들은 선교 협력자들에게 예비 교육을 통해 필요한 도움을 주고 그들을 해외의 크리스친 공동체에 연결시켜 준다. 그들의 이름은 「선교 기도 연감」(Mission Year book of Prayer)에 실린다. Program Agency는 또한 선교 협력자들이 미국에 돌아온 뒤에 할 일들을 위한 도움을 주기 위해서 노력한다.

World Evangelization Crusade도 역시 일반 직업을 따라 해외에 나가

서 일하는 평신도들의 편의를 도모할 프로그램을 개발했다. 이 선교회에서 받을 수 있는 도움은 모집, 예비 교육, 교제, 영적인 보살핌, 기도 후원 등이다. 이 선교회의 중동 연락 책임자인 윌 란지네커는 이렇게 얘기한다.

"이 사람들은 자기의 삶에 대한 하나님의 부르심을 체험하면서 하나님이 그들의 직업이나 기술을 사용하여 세계의 다른 나라에 가서 그리스도를 전할 길을 열어 주실 것으로 믿고 있습니다. 현재 우리가 해외에 나가서 일하고 있는 엔지니어와 교수, 의사, 간호사, 해외 교포 목회자, 중등학교 교사, 목수, 그리고 해외 유학생을 확보하고 있습니다. 우리는 적어도 1년 동안 성경 공부나 그에 준하는 성경 연구와 4~6개월 간의 예비 교육을 받을 것을 요구합니다. 만약 문화를 뛰어넘어 그리스도를 전하고자 하는 사람들이 어떤 기본적인 예비 교육도 받지 않고, 하나님의 말씀을 바로 이해하지도 못한 채 가서 그 일을 해 보겠다고 한다면 어리석은 일이라고 생각합니다. 또 하나 우리가 부딪히게 되는 것이 언어의 장벽입니다. 우리가 이 큰 문제들을 잘 파악하지 못한다면, 수많은 영역에서 축적되어 있는 크리스천 파워를 제대로 발휘할 수 없을 것입니다. 나의 마음을 누르고 있는 중요한 부담 가운데 하나는 아직 개봉되지 않은 영적인 능력의 원천이 바로 여기 있다는 것입니다."

허버트 케인 교수는 "어떤 선교회의 정회원이 되어 그 회원권이 부여하는 모든 권리와 특권을 누리면서 동시에 일반 단과대학이나 종합대학에서 교수의 직책을 가지고 일할 수 있다."면서 텐트메이커가 선교회와 공식적인 협력관계를 맺는 것이 선교지에서 유리하다는 것을 지적하고 있다.

인터크리스토(Intercristo)의 총재 필립 버틀러는 선교기관들이 점점 더 텐트메이커들과 깊이 연결되어 가는 것을 보고 "기다리고 기다린 끝에 드디어 큰 파도가 밀려오는 것 같습니다!" 라고 자신의 심정을 표현하기도 했다.

15. 준비와 예비 교육

> 무딘 철 연장날을 갈지 아니하면 힘이 더 드느니라
> 오직 지혜는 성공하기에 유익하니라
>
> 전도서 10 : 10

윌리엄 댄커 교수는 그의 저서 「주님을 위한 이익」(Profit For The Lord)에서 "핸드릭 크레머가 평신도를 가리켜 교회의 '동결된 자산' 이라고 평했듯이 평신도 사도들은 미래의 큰 선교 자원이다. 이러한 훌륭한 선교 자원의 훈련 없이는 사도들이라는 남극 대륙이 절대 녹지 않을 것이다." 라고 했다.

앞 장에서 지적했듯이 효과적인 준비와 예비 교육을 위해서는 선교 기관을 통해 진행하는 것이 바람직하다. 선교 기관들은 신학교와 기독교대학, 성경학교 및 기타 훈련 기관들과 협력하여 이 일을 진행할 수 있다. 인터크리스토(Intercristo)의 필립 버틀러는 다음과 같이 말하고 있다.

"아주 신선한 경향 가운데 하나는 건축, 공학, 경영학, 농업(단지 몇

가지 예만 들자면) 등의 분야를 전공한 많은 대학졸업자들이 순수한 크리스천 봉사를 하기 위한 준비 과정으로서 성경 프로그램을 택하고 있다는 것이다. 자비량선교사는 전문적인 예비 교육을 받아야만 한다. 해외의 국제 사회는 그 자체의 독특한 문제들과 위험들, 곧 영적인 '지뢰'를 안고 있다. 우리는 문화에 민감하게 대처하고, 언어를 배우고, 적대적인 환경에서 영적인 은혜를 유지하며, 전도의 방법론을 익히도록 이들을 훈련시켜야만 한다."

허버트 케인 교수도 "이런 형태의 봉사에 임하는 사람들은 그들의 일이 많은 어려움을 안고 있기 때문에 정규 선교사들보다 더 나은 훈련을 받아야 한다."고 밝히고 있다.

Bible and Medical Missionary Fellowship의 현지 동반자인 앤드루 다이몬드는 "크리스천이 해외의 현지 문화에 적응하고 그 문화의 장벽을 뛰어넘어서 그리스도를 전하기 위한 어떤 예비 교육을 받지 않는다면, 대개 영어를 사용하는 자신과 같은 배경을 가진 일반 사람들에게 휩쓸려 갈 것이다. 그러므로 대부분의 텐트메이커들은 초문화적인 선교를 효과적으로 수행하는 데 있어서 어려움을 느낀다."고 말했다.

영적인 준비

우리 주님께서는 그 당시 여러 종교 지도자들을 진단하여 말씀하시기를 "너희가 성경도, 하나님의 능력도 알지 못하는고로 오해하였도다."(마 22:29)고 하셨다. 모든 텐트메이커들 중에 가장 위대한 텐트메이커인 사도 바울도 자기의 영적인 사역을 준비하기 위해 아라비아 광야에서 3년이나 보냈다. 케인 교수는 다음과 같이 논평하고 있다.

> (텐트메이커들이) 효과적인 선교를 하기 위해서는 성경대학이나 신학교에서 적어도 1년은 공부를 해야 한다. 본국에서도 전도와 예배를 위해 힘쓰고 있는데, 하물며 해외에 나가서 일할 사람이라고 해서 예외가 될 수 없다. 따라서 나는 적어도 1년 동안 공부하도록 격려하지 않을 수 없다.

사람들을 영적인 죽음에서 구하여 영생으로 인도하는, 예수 그리스도에 대한 메시지를 선포하는 것이 우리의 사명이다. 그러므로 텐트메이커들이 효과적인 선교를 하려면 성경을 알고 믿을 필요가 있다. 나는 고등학교와 대학교, 신학교에서 성경이 모순과 오류 투성이라고 배웠다. 그러나 성경을 연구하면서, 제기되었던 문제들을 하나둘씩 해결해 가면서 성경에 대한 공격이 오히려 오류라는 것을 발견했다. 결국 나는 성경을 일점일획도 틀림이 없이 정확한 하나님의 말씀으로 받아들이게 되었다. 이 일이 있은 후에 나는 한 친구를 인도해 난생 처음으로, '예수 그리스도를 아는 구원의 지식에 이르게 하는 기쁨'을 맛보았다.

이란에 가서 20년 동안 선교사로 일한 나의 아버지는 그가 택했던 영어 성경 과목이 해외에 나가있는 동안 가장 큰 도움이 되었다는 간증을 하셨다. 성경을 이해하고 있으면 누가 무슨 질문을 하더라도 합당한 대답을 해 줄 수 있다.

워치먼 니는 넓이 1미터, 길이 3미터도 안 되는 독방에 성경도 없이 20년 동안이나 갇혀 있었다. 그는 과거에 신약성경을 한 달에 한 번, 구약성경을 석 달에 한 번씩 읽은 경험이 있었기 때문에 감옥에 수감되어 있는 동안 그 기억에 의존해 신앙생활을 할 수 있었다. 그를 담당했던 간수 하나는 하나님의 사람 위치먼 니가 전도를 통해 자기가 어떻게 그리스도를 영접하게 되었는가를 간증하기도 했다.

이란에서 여러 해 동안 선교사로 일한 윌리엄 밀러 박사는 "세계 여러 지역에서 그리스도께 돌아오는 사람들의 수가 적은 것이 고기들의 고집 때문이기도 하지만, 또한 어부들의 손이 모자라기 때문이기도 하다."고 말한 적이 있다. 이제는 텐트메이커들이 전세계에 퍼져 나가기 때문에 그들을 통해서 땅 끝까지 이르러 복음을 전할 가능성이 높아졌다. 그러나 이 일을 위해서는 그들이 사람 낚는 어부로서 훈련을 받을 필요가 있다. 잃어버린 영혼들을 그리스도께로 인도하는 법을 배우는 것은 기본적인 일이다. 많은 크리스천 단체가 좋은 훈련 프로그램을 운영하고 있다.

예수 그리스도를 믿는 믿음을 통해서 자기 자신의 구원을 확신하는 것도 중요한 일이지만, 또한 성령의 권능으로 충만함을 받는 것도 중요한 일이다. 나는 하나님께서 오늘날 그처럼 놀라운 방법으로 그의 영을 부어주시는 이유로 세계 복음화를 위한 그리스도의 지상명령을 완수하도록 하시기 위한 것이라는 것으로 믿고 있다.

텐트메이커들이 재정적으로 자비량 할 수 있을지라도 영적 필요를 자비량 할 수는 없다. 그들은 다른 크리스천의 기도 후원을 필요로 한다. 사도 바울은 신약성경에 나오는 그의 서신서에서 신자들에게 기도 후원을 요청하고 있다. 정규적인 선교사들은 자주 그들을 재정적으로 후원하는 신자들로부터 기도 후원을 받는다. 텐트메이커들도 이와 같은 기도 후원을 받아야 한다. 이것은 다른 정규 선교사들과 함께 텐트메이커의 기도 제목을 선교기관 소식지에 싣는 데 대한 합당한 이유라고 할 수 있다.

교육적인 준비

텐트메이커들이 해외로 떠나기 전에 해야 할 일은, 최대한 많은 시간을 내서 그 나라의 역사, 지리, 정치, 문화적인 상황을 소개한 책을 읽어 두는 것이다.

언어학 과목들을 택해서 공부하는 것도 도움이 된다. 대개 언어는 현지에서 배우는 것이 가장 바람직하지만, 하기언어학교(Summer Institute of Linguistics)에서 제공하는 훈련을 받아두면 언어를 익히는 데 큰 도움이 될 수 있다. 어떤 사람들은 이 훈련 덕택에 외국어를 더 빨리 배울 수 있었다고 이야기한다. 이런 언어학 강의는 그 나라 말을 한 구절씩 반복해서 연습할 수 있도록 지도하고, 음성의 구조와 억양의 형태를 파악할 수 있는 기회를 제공해 준다. 또한, 그 언어가 현지에서 사용하는 방언인지 확인하는 것은 필수라고 할 수 있다. 어떤 미 육군 대령은 아프가니스탄에 오기 2년 전부터 퍼시아 어(Persian)를 공부하였는데, 배운 언어가 카불에서 사용하는 방언이 아닌 테헤란에서 사용하는 방언이라, 실제로 아무 소용이 없게 된 경우가 있었다. 대개 언어를 배우는 최선의 방법은 먼저 듣고, 말하고 다음에 읽고 쓰는 순서를 거친다. 이 순서를 밟아서 그 나라의 현대어로 번역된 복음서나 신약성경을 영어 성경과 함께 펴 놓고 읽는다면, 사전을 찾는 시간을 절약하며, 해독 실력을 쉽게 향상시켜 줄 것이다. 여러 나라 언어로 인쇄된 복음서나 낱권 성경들은 성서공회에 부탁하면 구할 수 있을 것이다.

대부분의 선교 기관들은 그들 자신의 출판물들을 갖고 있으므로 읽을만한 자료들을 기꺼이 추천해 줄 것이다. 그 밖에 도움이 될 만한 자료들은 다음 기관들에서 구할 수 있다. 1) 윌리엄 캐리 도서관(William Carey Library)은 적절한 가격으로 선교에 관한 책을 공급한다. 〈교회 성장 회보〉(Church Growth Bulletin)를 정기 구독하면 자동적으로 세계 교회 성장 도서회(Global Church Growth Book Club)의 회원이 되어 대부분의 서적들에 대하여 40퍼센트의 할인 혜택을 받게 된다. 2) Evangelical Missions Information Service는 세계 여러 곳에서 진행되고 있는 주님의 일과 특수지역 연구에 관한 소식지들과 계간지인 〈Evangelical Missions Quarterly〉를 발행하고 있다. 3) 〈크리스천 라이프〉도 역시 도움이 될 만한 글들을 싣는다. 4) 〈Christianity Today〉는 선교 정책이나 사상에 관한 정보를 예리하게 제공해 준다. 5) 월간 책자인 〈The Church Around The World〉는 선교에 관한 소식을 제공해 준다. 6) 〈Eternity〉도 역시 선교에 관한 좋은 자료를 취급한다. 7) 세계교회협의회(World Council of Churches)에서 계간지로 발행하는 〈International Review of Mission〉은 대개 주요 교단 교회들의 선교에 관한 견해를 제시하고 있다. 8) 〈Missiology〉는 선교학 분야의 학문적인 정기 간행물이다. 9) 무디성경학교(Moody Bible Institute)에서는 선교 분야에 도움이 될 만한 통신 과목들을 개설하고 있다. 10) 월간지인 〈Moody Monthly〉도 역시 선교에 관한 글들을 싣는다. 11) 〈The World Vision Magazine〉은 여러 가지 정보를 제공하고, 또한 복음주의자들이 세계 도처에서 어떻게 사회 활동에 참여하고 있는지 보여 준다. 12) Missions Advanced Research and Communication Center는 각 나라의 현재 상황을 간략히 소개하는 「Country profiles」를 출간해 도움을 주고 있다. 이 소책자들은 또한 뒷 페이지에 간략한 참고 노서 목록을 첨부하고 있다.

문화적인 준비

웨인 세바즈는 "다국적 기업체들이 직면하고 있는 주요 문제들 가운데 가장 심각한 것은 수많은 고용인들이 새로운 문화와 사회에 적응하지 못하는 데서 오는 문화적 충격 때문에 낙오율이 높다는 것이다."라고 말했다. 이처럼 직업적인 낙오자가 발생하는 것은 대개 적절한 예비 교육을 받지 못한 데서 비롯된다.

통찰력이 있는 선교 학자인 도널드 맥개브런 박사는 "기독교가 수많은 인류 문화 속에 흘러 들어갈 때, 그 구성 요소의 95퍼센트는 아무런 충돌이 없이 받아들인다."고 설명한다. 어느 문화든 그 문화의 주요소는 그 나라의 언어다.

문화 충격은 색다른 환경에 처할 때 온다. 현지의 다른 종교들에 대한 이해를 하는 것도 예비 교육에 큰 도움이 된다. 그 지역의 예절, 관습, 미신 등에 대해서 배워두는 것도 역시 중요하다. 그 예로 위성류 나무(Tamarisk Tree)가 아프가니스탄에서 아주 잘 자란다는 사실을 발견한 미국인 삼림학 전문가가 있었다. 그는 아프가니스탄 사람들에게 이 나무를 심을 것을 장려했지만 아무런 협조를 얻지 못했다. 그는 나에게 호응이 없는 이유를 알아봐 달라고 부탁했다. 한 아프가니스탄 사람에게 설명을 들어보니, 그 지역 사람들이 지키는 미신이 있다고 한다. 그에 따르면 나무가지에 특별한 혼이 깃들기 때문에 두려운 마음에 계속 심던 나무를 심어야 한다는 것이었다. 결국 삼림학 전문가는 다른 종류의 나무로 대체해서 심을 수 있었다.

예비 교육의 기회들

해외에 나가 일하는 사람은 어쩔 수 없이 많은 문제들과 좌절들에 부딪히기 마련이다. 좋은 예비 교육은 이러한 문제들을 극복하는 데 큰 도움이 된다. 해외 생활에서 자기 자신의 건강 관리를 하는 법, 정치적인 문제들에 대처하는 법, 인격적인 충돌을 해결하는 법을 알아 두는 것은 중요한 일이다.

다음은 텐트메이커들이 예비 교육을 받을 만한 기관들이다.

1) 각 교단의 선교부나 초교파 선교회들은 대개 좋은 프로그램을 운영하고 있다.

2) 복음주의적인 신학교와 크리스천 단과대학, 종합대학, 그리고 성경학교에서 점점 더 많은 선교학 과목을 가르치고 있다.

3) 대학생선교회의 '사랑의 운동'(Agape Movement of Campus Crusade for Christ)은 자비량 선교사들이 택할 수 있는 예비 교육 과목들을 선별해서 가르치고 있다.

4) 기독교봉사단(Christian Service Corps)은 12주 훈련 과정을 설치하고 선교의 성경적 기초, 개인의 영적인 성장, 전도, 언어학, 문화적인 감수성 훈련 등을 다루고 있다.

5) 복음주의 외국 선교회(Evangelical Foreign Missions Association)는 매년 다른 나라에서 외국 선교사 후보자들을 위한 교회 성장 세미나를 후원하고 있다.

6) 대인 관계에 있어서 도움이 될 만한 세미나는 Bill Gothard

Institution Basic Youth Conflicts에서 진행되고 있다.

7) 인터크리스토(Intercristo)는 자체 전문 기구를 통해서 텐트메이커들의 예비 교육을 돕는 일에 관심을 갖고 있다. 지금까지 그들의 주된 업무는 전산프로그램을 사용해서 본국과 외국의 다양한 크리스천 기관들이 필요로 하는 사람들을 연결시켜 주는 것이었다. 그들은 또한 선교기관들과 함께 일할 수 있는 기회들을 열거한 안내서를 발간하고 있다.

8) 기독대학생회는 매 3년마다 세계 곳곳에서 온 대표자들이 지역과 분야별로 집회를 갖는 Urbana Triennial Missionary Convention을 개최할 뿐만 아니라, 과테말라에서 선교훈련캠프를 운영하고 있다.

9) Missionary Internship은 실제적인 준비를 위해 훌륭한 세미나를 제공하고 있다. 이 세미나 가운데 하나는 선교 현지에 가기 전의 예비 교육인 Prefield Orientation이다. 또 하나는 10일 간에 걸쳐 실시하는 언어습득기술 프로그램(Program in Language Acquisition Techniques)이다. 그리고 오늘날 세계 도처에서 아주 중요한 프로그램으로 발전한 연장신학교육(Theological Education in Extension)이 있다. 아울러 해외에 나가 일하다가 휴가를 얻어 계속 교육을 받고자 하는 사람들을 위해 휴가 선교사 프로그램도 제공하고 있다.

10) 네비게이토선교회(Navigators)는 성경 공부와 암기 체계, 제자훈련 등에 전문적인 프로그램들을 갖고 있다. 또한 텐트메이커들과 연결

된 그들의 선교 협력자 프로그램과 함께 예비 교육을 실시하고 있다. Operation Mobilization은 성경 보급과 기독교 문서 배포를 위해 전문적인 훈련을 실시하고 있다. 그들은 또한 학생들이 외국의 대학에 가서 유학하도록 장려해 왔다. 그들은 실제적이고 영적인 일들에 강조점을 둔 좋은 예비 교육 프로그램들을 마련하고 있다.

11) U. S. Center For world Mission은 그 자체 내에 국제연구소(Institute of International Studies)를 설치해 아직 복음을 접해 보지 못한 세계의 여러 민족들에 대한 선교에 초점을 맞추고, 문화를 뛰어넘는 전도집중 훈련을 제공하고 있다.

13) Youth with a Mission은 세계 도처에서 전도와 제자훈련을 위한 실제적인 과목들을 가르치고 있다.

16. 해외 생활

이에 내가 … 이르러 그 사로잡힌 백성… 에게 나아가
그 중에서 민답히 칠일을 지내니라
에스겔 3:15

이 성경 구절은 에스겔 선지자가 예루살렘에서 바벨론에 사로잡혀 간 백성들을 찾아가서 만났을 때 받은 문화 충격을 반영하고 있는 것인지도 모른다.

평화봉사단(Peace Corps)은 여러 나라에서 얻은 경험에 근거해 해외에 처음 나가는 사람들에게 3단계에 걸쳐 경험하게 되는 정서적인 침체, 혹은 문화 충격에 대해 경고하고 있다. 첫번째 단계는 그 나라에 첫 발을 디딜 때 맞게 된다. 처음의 열정이 우울한 현실로 뒤바뀐다. 두번째 실망의 단계는 대개 처음의 매력이 사라지는, 현지 도착 3개월 내지 4개월 쯤에 가서 맞게 된다. 세번째 심리적 우울증의 단계는 해외 임기를 마치고 본국으로 되돌아 올 때 맞게 된다. 이것은 대개 믿는 사람들뿐만 아니라 믿지 않는 사람들에게도 똑같이 일어나는 것이다. 각 사람에게 정도의 차이는 있겠으나 이러한 문화 충격을 완화시키는 데 도움이 될 정보를 소개한다.

처음의 과감한 돌진

행동 과학자들은 종종 어느 사회에나 열 가지의 보편적인 문화 요소가 있다고 말한다. 그 열 가지의 문화 요소는 1)언어 2)경제 3)사회 생활 4)정부와 법 5)종교 6)예술 7)과학적인 지식 8)건강 관리와 오락 9)교육이다. 다음은 문화가 다른 사회에 들어가서 이러한 영역들에 적응하는 데 도움이 될 만한 몇 가지 충고를 담고 있다.

언어

단지 잠시 방문하는 경우라 하더라도 현지 사람들에게 친근감을 줄 인사법 정도의 간단한 말을 익힐 수는 있을 것이다. 아프가니스탄 주재 미국 대사관 비서 하나는 그 곳에 온 지 2년 가까이 되는데도 '쌀람'이라는 현지의 인사말조차 모르고 있었다.

선교 기관들은 훌륭한 언어 훈련 과정을 설치해서 도움을 주고 있다. 현지 언어를 어느 정도 들어서 이해하고 말할 수 있게 되면 앞서 언급한 바와 같이 그 언어로 된 신약성경을 통해서 읽기와 쓰기도 쉽게 배울 수 있다. 성경의 일부는 전세계 인구의 97퍼센트가 이해할 수 있는 언어들로 이미 번역되어 있다. 또한 현지인 가정교사를 구해서 그 나라말을 배울 때, 주님께서 가정교사의 마음을 열어 진리로 이끌어주실 기회를 삼으실 수도 있다. 우리가 해외에 나갔을 때 나의 아내와 나의 언어 공부를 도와준 젊은이는 함께 신약성경을 읽는 동안 거듭난 크리스천이 되었다.

기술

전세계의 기업들은 특히 일상 생활의 필수품에 관계된 기술을 개발해 나가고 있다. 그러나 대부분의 제 3세계 사람들의 생활 속도는 서방 세계의 것보다 느리다. 대개는 시간에 대해 한가한 태도를 갖고 있고 서두르는 것을 덕스럽게 보지 않는다. 따라서 그러한 환경에 들어가서 살다 보면 자기도 그들의 생활 속도에 맞춰가게 된다. 인내와 참을성을 가지면 훨씬 더 많은 일을 이룰 수 있다.

경제

해외에 나가서 일하는 사람들이 대개는 더 많은 돈을 벌지만, 항상 그런 것만은 아니다. 지금 아프리카에 가서 교사로 일하고 있는 한 부부는 그곳 정부로부터 겨우 생활비만 받기 때문에 아무 것도 저축할 수가 없다. 이러한 경우 선교회와 협력하면 서로 도움이 될 수 있다. 선교회는 고용 회사나 기관이 제공하지 못하는 휴가 비용이나 그 밖의 기본적인 재정 문제들을 도와줄 수 있다. 세계의 여러 지역들에서 문화적으로 적응을 하려면 시장에서 물건 흥정을 잘 해야 한다. 또 여러 지역에서 자연스럽게 듣는 질문은 '봉급을 얼마나 받느냐' 하는 것이다. 이것은 그 사람의 경제적인 신분이 어떤가를 알아보려는 질문으로써 사람을 아는 데 문화적으로 필요한 질문이라 생각된다. 대개는 정확한 수입액을 밝히지 않고 겸손하게 대답할 수 있다. 본국에서 비슷한 직업을 가진 사람들과 별 차이가 없는 봉급을 받는다든가, 아니면 화폐 가치가 다르고 또 여행비와 수당, 보너스 등이 포함되어 있어서 정확히 말하기가 어렵다든지 하는 대답을 할 수 있을 것이다.

현지인들은 외국인들의 경제적인 신분을 알아낸 후에 종종 돈을 빌려

달라고 할 것이다. 우리가 따랐던 정책은 '결코 아무에게도 돈을 빌려주지 말라'는 것이었다. 우리는 어떤 사람이 정말 어려운 지경에 처해 있고, 또 도울 수 있는 형편이 될 때는 차라리 주님이 주시는 선물로 거저 주었다. 또 만일 그들이 돈을 빌려주면 후에 갚겠다고 할 때는 은행에 가서 빌리라고 했다. 우리는 '돈을 빌려주는 것은 마치 가위를 가지고 우정의 끈을 자르는 것과 마찬가지다'라는 중동의 속담을 자주 인용했다.

텐트메이커들의 일은 최고의 질적 수준을 유지해야 한다. 투자를 한 회사나 국가는 좋은 성과를 기대한다. 성경은 이렇게 말씀하고 있다. "무릇 네 손이 일을 당하는 대로 힘을 다하여 할지어다"(전 9:10).

사회 생활

현지의 예절과 관습을 가능한 빨리 익혀두는 것은 중요한 문제이다. 케네스 그럽은 "외국에 나가면 자기 본국의 관습을 떠난 사람을 너무나 많이 만나게 된다."고 말한다. 다른 나라의 문화에서는 대개 가족 관계가 아주 중요하다. 또한 외국인 사회와 협력하는 것도 역시 중요하다. 외국인 사회를 통해서 영적인 면과 그 밖의 분야에서 크게 도움을 받을 수 있다.

아프가니스탄에서 칵테일 파티에 참석했을 때, 나의 아내와 나는 술을 마시라는 압력을 받은 일이 전혀 없었다. 오히려 이러한 기회들을 통해서 우리는 만나는 사람들에게 주님의 복음을 전하며 그들을 도울 수 있었다. 무엇을 마시겠느냐고 물을 때 우리는 "가벼운 걸로 하죠."라고 대답했다. 그들은 언제나 과일 주스나 소다수를 준비해 두고 있었다.

외국인 사회와 쉽게 친숙한 관계를 맺을 수는 있다. 그러나 자기의 문화를 뛰어넘어 그 나라 사람들과 접촉을 하려면 전문적인 준비를 해야만 한다.

정부와 법

우리가 다른 나라에 가면 그 나라 입장에서 볼 때 우리는 외국인의 신분이다. 따라서 우리는 하나님의 더 높은 계명에 어긋나지 않는 한 그 나라의 법을 지켜야 한다. 우리 주님께서는 "그런즉 가이사의 것은 가이사에게 하나님의 것은 하나님에게 바치라."(마 22:21)고 말씀하실 때 이 원리를 제시하셨다. 성경은 또한 우리에게 '임금들과 높은 지위에 있는 모든 사람들'을 위해 기도할 것을 권면하고 있다(딤전 2:2).

종종 관리들을 만나기 위해서 기다리는 경우가 발생한다. 그때, 시간이 늦어지는 일로 화를 내기보다는 차라리 이런 시간을 이용해서 내가 만날 관리와 그곳에서 일하는 모든 직원들을 위해 기도하는 것이 낫다. 그렇게 기도하고 나면 하나님께서 기도를 들어주셔서 면담 시간이 되었을 때, 그들의 마음을 준비시켜 주시는 것을 볼 수 있었다.

관리들을 대할 때는 그들을 그렇다 혹은 아니다 하는 대답을 하는 위치에 올려놓지 않는 것이 지혜로운 태도이다. 많은 관리들은 생소한 서류에 서명하거나 도장 찍는 것을 두려워한다. 대개 그들의 지위를 존중해 주는 자세로 단순히 원하는 일들이 무엇인가를 알려주는 것으로 충분하다. 그리고 일이 처리되고 나서 감사 편지를 보내고, 그 편지의 사본을 보관해 두면, 대부분의 경우 그것으로 충분한 인증이 된다. 만일 공식적인 청원서가 필요할 경우에는 먼저 초안을 작성해서 직접 보여 주는 것이 좋다. 이렇게 하면 그 관리가 내용을 검토하고 수정하여 줌으로써 바람직한 결과를 얻을 수 있을 것이다. 이렇게 한다면 그 서류가 결재되기도 전에 사실상 일이 결정된 것이나 다름없다.

최근에는 많은 해외 진출 사업체들의 뇌물 사건이 드러났다. 어떤 이들은 이것이 그 나라의 문화에 맞추기 위해서 어쩔 수 없는 일이라고 말한다. 그러나 사도 바울은 그것을 거부했다(행 24:26, 27). 또 성경은 우리에게 '뇌물이 사람의 명철을 망케 하느니라' (전 7:7)고 말씀한다. 뇌물은 주는 자나 받는 자가 다 하나님 보시기에 죄를 범하는 것이 된다. 성경은 잘못을 범하는 것이 결코 옳지 않다는 것을 분명히 하고 있다. 우리 주님께서는 가장 부패한 사회들 가운데 하나에 속해 사셨지만, 죄를 짓지 않으셨다.

중앙아시아의 한 관리는 완곡한 표현으로 '사탕' 이라는 말을 사용했다. 내가 그에게 뇌물을 주면, 내 자동차에 부과할 세금을 대폭 삭감해 주겠다는 제의를 은근슬쩍 해 온 것이다. 뇌물을 거부한 나는 세금 전액을 부담해야 했다. 성경은 '국세를 바칠 자에게 국세를 바치라' (롬 13:7)고 말씀하고 있다. 뇌물 없이 살 수 없다고 말하는 사람들이 더러 있다. 이것은 사실이 아니다. 개인이나 회사가 일단 뇌물을 주기 시작하면 성경의 가르침을 거스리는 일 외에도, 말이 돌고 돌아서 뇌물에 관계된 사람들이 결국 화를 입고야 만다. 뇌물을 주지도, 받지도 않는다는 사실은 또한 오늘날 크리스천이 갖추어야 할 정직한 자세이기도 하다.

친숙하지 않은 환경에 살다 보면 어떤 '잘못' 을 범하기 마련이다. 많은 지역에서 사람들이 자기 잘못을 인정하고 용서를 구하는 일을 별로 볼 수 없을 것이다. 만약 우리가 잘못을 뉘우치고 용서를 구한다면 그곳 사람들이 멈칫하며 '우리와 많이 다르구나' 하고 호감을 갖게 될 것이다.

종교

효과적으로 복음을 전하기 위해서는 현지의 종교를 이해하는 것이 아주 중요하다. 책을 읽거나 혹은 자기 신앙을 함께 나누기를 즐겨하는 그곳의 종교 지도자들과 사귀면 현지의 종교를 쉽게 파악할 수 있다. 이렇게 하면 기독교의 진리들을 현지의 상황에 맞추어서 의미있게 설명해 줄 수 있는 '구속적인 유추'(redemptive analogies)도 찾아낼 수 있을 것이다.

예술

문학, 시, 민속, 음악, 연극 등 여러 가지 형태의 예술을 연구하면 현지의 문화를 평가할 수 있게 된다. 더 나아가서 이러한 예술은 하나님의 영광을 위해서 사용될 수도 있다. 온 세계의 사람들은 자신들에게 익숙한 음악을 좋아한다. 기독교 찬송가와 노래들이 그들의 시로, 그들의 음악으로 작곡되면, 그들의 심령 속에 파고들어갈 것이다. 그것은 또한 기독교가 이상한 종교가 아니라, 그들의 문화 형태에 맞는 것으로 이해되어 그리스도를 편안한 마음으로 받아들이게 해 줄 것이다.

아프가니스탄의 카페트에는 네스토리우스파의 십자가 문형(Nestorian crosses)이 짜여져 있다. 이 십자가의 문형은 아프가니스탄 사람들의 집에 초대되어 갔을 때 복음으로 이끌어갈 대화의 실마리를 제공해 준다. 십자가의 의미를 설명해 주고, 또한 그들 고유의 예술이 증거해 주듯이, 그들의 조상들 가운데 많은 사람들이 이 십자가를 알고 있었다는 사실을 설명할 자연스러운 기회를 만들어 주었다.

과학적인 지식

그들의 우주론과 천문학에 관한 이론들을 알게 되면 그들이 알고 있는 경이로운 우주의 신비들을 설명해 줄 수 있다. 그렇게 해서 자연스럽게 "하늘이 하나님의 영광을 선포하고 궁창이 그 손으로 하신 일을 나타내는도다."(시 19:1)라는 말씀을 가지고 토의에 들어가게 된다. 가능한 한 그 나라의 역사와 지리, 식물, 동물 등에 대해서 많은 공부를 해두면 그들이 아주 진지하게 받아들일 영적인 대화의 기회를 얻게 될 것이다.

건강 관리와 오락

크리스천의 몸은 성령의 전이기 때문에 하나님께서는 자기 백성이 몸을 잘 관리하기를 원하신다. 세계 도처의 물은 상당히 오염되어 있어 커피나 차, 또는 끓여서 식힌 물이나 정화시킨 물을 마시는 것이 현명하다. 세계 여러 나라의 농부들은 인분을 거름으로 사용한다. 그러므로 채소는 잘 익혀서 먹고, 날채소는 먹지 않도록 해야 한다. 과일들은 땅에서 자라지 않기 때문에 농약을 주의해서 깨끗이 씻어 내면 대개는 안전하다.

이러한 주의 사항과 함께 권유하는 예방 접종을 해 두는 것이 중요하다. 카불에서는 한때 30건 이상의 미국인 간염 환자가 발생한 적이 있었다. 텐트메이커들로 일하고 있던 미대사관의 의사들은 모든 사람들에게 의무적으로 이러한 일체 예방 접종을 하고 난 후부터는 간염 환자가 단 한 건도 발생하지 않았다. 이 의사들은 또한 손을 씻지 않고 음식을 준비한 사람들을 추적해서 아메바성 이질(amoebic dysentery)의 감염로를 발견하기도 했다. 의사는 현미경을 가지고 현지의 손톱 밑에서 나온 토질 병원체들을 보여 주었다. 많은 사람들이 전에는 이병원체들을 눈으로 볼 수 없었기 때문에 그 병균들을 단순히 하나의 외래적인 미신으로만 생각했다. 하지만 이러한 설명 이후로는 이 음식을 만지기 전에 의사들처럼 손을 깨끗이 씻었다.

대부분의 문화에서는 사람들과 함께 식사를 하는 것이 아주 중요하다. 왜냐하면 그것이 소금 언약(the covenant of salt)이나 우정의 언약에 참여하는 것을 뜻하기 때문이다. 아프가니스탄 사람들은 음식과 물까지도 소금을 함유하고 있다는 사실을 인정하므로 함께 먹고 마시는 것을 아주 중요하게 생각한다. 만약 야채나 그 밖의 해로운 음식이 나올 때는 '먹고 싶지만 소화 기관이 약해서 다 먹지 못하겠으니 이해해 달라'고 설명할 수 있을 것이다. 그네들은 대개 자기 자신들도 종종 건강 문제에 부딪히기 때문에 이러한 부탁을 받아들인다.

현지 주민들이 즐기는 낚시와 운동, 혹은 그 밖의 오락에 참여하는 것은 권장 할 만하다. 이것은 그 나라 사람들을 즐거운 분위기에서 잘 사귈 수 있게 해 준다.

정규적으로 휴가를 갖고 본국에 다녀 올 계획을 갖는 것도 역시 중요한 일이다. 우리 주님께서는 제자들에게 "너희는 따로 한적한 곳에 와서 잠깐 쉬어라."(막 6 : 31)고 하셨다. 우리는 모두 영적, 정신적, 육체적 휴식이 필요하다.

교육

교육은 크리스천이 전세계 수많은 사람에게 큰 도움을 준 분야이다. 유럽이나 미국의 교육 제도를 고집하는 것보다는 그 나라의 사정에 맞게 적용하는 것이 바람직하다.

교육은 그 나라 사람들에게만 필요한 것이 아니라 선교사 자녀들에게도 필요하다. 나의 부모님이 이란 북서부 지역에서 선교사로 일하실 당시, 주변에는 학교를 찾아볼 수 없었다. 그렇기 때문에 선교사 자녀들은 집에서 캘버트 통신학교 제도(Calvert Correspondence School System)에 따라 공부할 수밖에 없었다. 아프가니스탄 텐트메이커들은 그들의 자녀들을 위한 알만학교를 설치했다. 이것은 크리스천 학교로서 매 학년의 수준에 따라 성경을 가르치고 있다. 이 학교는 그들의 자녀들을 학문적인 면과 영적인 면에서 도와줄 뿐만 아니라, 또한 다른 사람들을 그리스도를 아는 구원의 지식으로 인도하는 데도 사용되고 있다.

나는 자녀들을 멀리 떨어져 있는 학교로 보내는 것보다 가족과 함께 있게 하는 것이 중요하다고 생각한다. 성경은 우리가 우리 가족을 돌보지 않으면 불신자보다 더 악한 자라고 말씀하고 있다(딤전 5:8). 나는 성경이 하나님이 먼저요, 다음이 가족이요, 그 다음이 우리의 사역이라고 가르치고 있다고 믿는다.

아프가니스탄의 변두리 지역에 사는 어떤 가족들은 네브라스카대학교의 연장교육과(Extention Division of the University of Nebraska)를 통해 자녀들을 가르쳤다. 그들은 9~12학년 학생들을 위해 통신과를 설치하고 있다. 해외에서는 교육상 불리한 점이 있을지라도 여행을 통해서 여러 다양한 문화들을 접해 보는 부요한 경험이 있기 때문에 단점을 극복할 수 있다는 생각이 든다.

자녀들이 현지의 언어를 알아듣고 말하는 것만 아니라 읽고 쓰는 법을 배우는 것도 중요하다. 나이가 어릴 때는 언어를 빠르고도 쉽게 익힐 수 있다. 나중에 자녀들이 이 언어를 전공하거나 연구하기를 원할 수도 있다. 만약 적절한 교육 시설이 없을 경우에는 가족이 전부 이사를 해야 할 것이다.

부모들이 자기 자녀들을 본국 시민으로 생각할 수 있도록 가르치는 것도 역시 중요한 일이다. 자녀들이 한 나라에서 그들의 성장 과정을 모두 보내게 되면, 그 나라에 대한 애착심과 충성심이 생겨서 모국에 돌아와 적응하는 데 어려움을 겪을 수도 있다.

접시를 같이 닦든지, 아니면 여행을 가든지 가족 단위로 함께 일을 하면 십대의 반항을 미리 막아낼 수 있다. 왜냐하면 그들이 가족의 일부로서 공동체 의식을 갖게 되고, 또 가족에 대한 충성심이 생겨서 거역하고자 하는 욕구를 물리칠 수 있게 해 주기 때문이다.

처음의 매혹적인 것이 시든 다음에 오는 두 번째 문화 충격은 현지 도착 후 3~4개월이 지난 다음에 온다. 해외에 나간 많은 주부들은 음식 준비와 집안일, 장 보기 등으로 힘든 나날을 보낸다. 그들은 종종 칵테일 파티를 찾아다니고, 노름을 하며, 남을 험담하고, 현지인들을 비판하고, 그곳을 떠나고 싶어 못견뎌 하는 알콜 중독자로 전락하기도 한다. 미 국무성은 해외에 나간 미국인 주부들의 80퍼센트가 어떤 형태의 정신적인 원인으로 신체 질환을 갖고 있는 것으로 파악하고 있다.

반면, 크리스천 주부들은 기도하며, 성경을 읽고, 성경 공부 그룹을 조직한다. 또한 많은 책을 읽고, 집에 손님을 맞으며, 영어를 가르친다. 아울러 신체 장애자들을 위해 봉사하고, 병원에서 일하며, 자기 집을 전도센터로 만든다.

본국에 돌아올 때의 문화 충격

세 번째 형태의 문화 충격은 본국에 돌아온 후 맞게 된다. 해외에 나가 있는 동안에 사회뿐만 아니라 개인적으로 많은 변화가 있었기 때문이다. 자주 휴가를 얻어 본국에 돌아온 사람은 비교적 쉽게 적응할 수 있다. 현대의 교통 수단이 발전하여 왕래가 빨라지면서 휴가를 본국으로 올 수 있게 되었고, 이것이 세번째 문화 충격을 극복하는 데 아주 큰 도움이 되고 있다. 우리는 3년마다 여름방학을 이용해서 자녀들을 데리고 본국에 와서 3개월씩 머

무른다. 우리 아이들은 학교를 계속 다니면서, 이런 기회를 가졌다. 이 방법을 통해서 우리는 또한 가족 단위로 친구들과 계속 교제를 나누고, 우리를 위해 기도해 주는 사람들과 유대 관계를 지속할 수 있었다. 우리는 필요에 따라 두 차례에 걸쳐 한 해 전체를 본국에서 지냈다. 이렇게 해서 우리의 자녀들은 미국의 교육에 친숙해지고, 또한 애국심도 기를 수 있었다.

더 오랜 동안 해외에 나가 있다가 본국으로 휴가를 오거나, 아니면 아주 귀국을 하는 경우에 선교회와 협력하는 것은 필수이다. 선교회는 새로운 직업을 구하고 새로운 환경에 적응하는 일에 도움을 줄 수 있다. 이런 점에서 파송한 지역 교회와 따뜻한 관계를 맺는 것도 중요하다. 아프가니스탄에서 돌아온 많은 텐트메이커들이 귀국했을 때, 상당한 어려움들을 겪었다. 그들은 이러한 어려움들을 전혀 몰랐고, 또 귀국하는 것은 천국 다음으로 좋을 것이라고 생각하고 있었기 때문에 발생하는 문제 앞에서 거의 속수무책이었다. 해외 선교회(Overseas Missionary Fellowships)의 총무였던 마이클 그리피드스는 "이것이 단지 텐트메이커들의 문제만이 아니며 전적으로 지원 받아서 일을 했던 정규 선교사의 경우 더 큰 문제를 겪게 된다."고 말하고 있다. 그는 "건강이나 가족 문제로 중년의 나이에 귀국하는 선교사들은 만족스러운 일자리를 구하는 데 상당한 어려움을 겪을 수 있다."고 말한다.

하나님께서 그의 부요하심과 영광에 따라 우리의 모든 필요를 채워 주시는 것은 사실이지만, 대개는 다른 사람들의 손길을 통해서 그렇게 하신다. 그러므로 크리스천들은 해외에 나갔다가 돌아와서 문화 충격으로 침체되어 격려와 도움을 필요로 하는 형제와 자매들을 보살펴 줄 의무를 갖고 있다.

17. 영어를 사용하는 해외의 교회

*그런즉 너는 말하기를 주 여호와의 말씀에 내가 비록
그들을 멀리 이방인 가운데로 쫓고 열방에 흩었으나
그들이 이른 열방에서 내가 잠간 그들에게 성소가 되리라 하셨다 하고*
에스겔 11:16

크리스천 텐트메이커들이 전세계에 흩어진 결과 복음주의 목회자들이 영어를 사용하는 해외 교회를 맡아 목회할 기회를 얻게 되었다. 이것은 또한 목회자 자신에게도 텐트메이커가 될 기회를 제공해 준다. 왜냐하면 해외 교인들 중에 대부분이 스스로 일하며 생활하고 있기 때문이다.

해외의 교회는 세 가지 중요한 목적을 가지고 있다. 첫째, 그들은 해외에 나가서 일하는 텐트메이커들의 교제와 부흥, 성장을 제공해 준다. 둘째, 그들은 엄청나게 불어나고 있는 외국인들에게 복음을 전한다. 셋째, 그들은 아직 복음을 접해 보지 못한 그 나라 사람들에게 복음을 전하는 전도기지 역할을 한다. 그들은 정규 선교사들과 협력해서 세계 복음화를 위한 초문화전도(cross-cultural witness)의 징검다리를 놓을 수 있다.

영어를 사용하는 교회들의 역사

1701년 외국복음전파회(Society for the Propagation of the Gospel in Foreign Parts)가 영국 왕실의 칙령으로 창립되었다. 그 목적은 두 가지인데, 하나는 해외에 나가서 정착한 영국인 교포들의 영적인 필요를 채워 주기 위한 것이었으며, 또 하나는 현지의 국민들을 복음화하기 위해서였다. 이 기구는 북미주, 서인도제도와 대영제국 전역에 영국 성공회 교회를 세우는 수단이 되었다. 영어를 사용하는 이 교회들은 텐트메이커인 윌리엄 캐리가 불을 붙인 선교회의 선구자들로 조직되었다. 앞에서 지적한 바와 같이 헨리 마틴은 1806년에 영국 정부의 영어를 사용하는 관리들을 보살피기 위해 동인도회사(East India Company)에 고용되어 인도에 갔다가 효과적인 초문화 선교사와 성경 번역자로 활동했다. '캠브리지의 7인'(Cambridge Seven)의 선교자 가운데 하나이자 Worldwide Evangelization Crusade의 창설자인 스타드도 1900년부터 1906년까지 인도 남부의 우타카문드연합교회(United Church of Ootacamund)에서 목회했다. 그는 거기서 영국 교포들과 군인, 정부 관리를 위해 헌신했다. 그의 사역이 아주 효과적이어서 '그 교회에 나가면 개종당한다'는 소문이 날 정도였다.

카불 커뮤니티 크리스천 교회

Community Christian Church of Kabul은 텐트메이커들로서 일하던 크리스천 교사들에 의해 1952년 12월에 설립되었다. 이 교회는 복음주의적인 신앙 고백에 기초하여 초교파적인 입장을 취하고, 나를 목회자로 청빙했다. 모든 교인들이 자기들의 개인적인 회심에 관한 간증을 하고 교회의 신앙 고백에 서명을 했다. 이렇게 해서 모두가 다 거듭난 교인들로 교회가 구성되고, 그들 중에서 직분자들이 선택되었다. 이 교회 예배에 참석하는 사람들은 대개 등록된 정회원보다 수가 더 많았다. 교인들 자신이 예배 시간과 세례의 방법을 정하였고, 하나님께서는 이 교회를 통해서 그곳 외국인 사회에 속한 많은 사람들이 분명한 회심을 통해서 주님께 돌아오게 하셨다.

나는 4년 동안 영어 교사로 일하고 나서, 정부 교육 기관에서 한 주에 35시간씩 영어를 가르치면서 점점 더 불어나는 외국인 교회의 목회 업무를 감당해야만 했다. 이런 상황에 이르자 유엔과 관계를 맺고 있던 고위급 인사가 아프가니스탄 정부에 내가 목회에 전무할 수 있도록 허가해 달라는 청원서를 제출하기에 이르렀다. 그 당시 이탈리아 대사관에 전속된 한 신부는 천주교회를 맡아서 목회하고 있었다. 이미 이러한 전례가 있었기 때문에 아프가니스탄 정부는 나에게 그 나라의 개신교도들을 맡아서 목회하도록 허가해 주었다.

그 뒤로 나는 아프가니스탄의 여러 지역을 다니면서 농업, 교육, 건설, 사업 등에 종사하는 외국인들을 신앙적으로 보살필 수 있었다. 이렇게 해서 미국의 텍사스주만큼이나 넓은 나라를 비행기를 타고 다니면서 일하는 순회 목회자가 되었다. 한 번은, 유엔에 소속되어 일하다가 맹장염으로 순직한 캐나다인 크리스천 장례식에 조의를 표하기 위해 수백 명의 아프가니스탄 사람들이 참석한 적이 있다. 이때 나는 야외에서 아프가니스탄 회중을 향해 예수 그리스도의 죽으심과 부활의 기쁜 소식을 전파했다. 아프가니스탄 문교성 장관은 장례식을 마치고 나서 자기가 이제까지 참석해 본 장례식중 가장 인상적이었다고 귀뜸해 주었다.

그 당시 외국인 사회의 자녀들과 젊은이들을 위해서 주일학교와 세례 및 입교후보자반뿐만 아니라 매일 휴가 성경학교도 열었다. 맹인들이 많은 그 나라에서 주님은 또한 맹인 사업을 시작할 수 있도록 허락해 주셨다. 우리는 그들에게 그들의 방언으로 점자를 가르쳤는데, 학생 중 일부는 처음으로 6학년까지 교육을 받기도 했다. 더 나아가 의학적으로 치료가 가능한 안과 질환을 가진 사람들을 위해서도 그 나라에 들어오는 안과 의사들과 함께 연합하여 치료를 시작할 수 있었다.

아프가니스탄에서 하는 일은 개척 교회의 성격을 띠고 있었기 때문에 미국에서 교회를 도와줄 이사회가 조직되었다. 이 조직은 아프가니스탄에서의 기독교 사업을 돕고, 교통수단의 편의성을 높이며, 자녀들의 교육을 도와줄 비영리법인체로 인가를 받았다. 아프가니스탄 정부가 전문적인 훈련을 받은 정규 선교사들에게도 입국 허가를 내주었으므로 카불 커뮤니티 크리스천 교회의 이사회는 함께 모여 기도하고, 앞으로 복음주의 협의체를 구성할 가능성을 놓고 의논하기 위해 아프가니스탄 국경 지대에서 일하는 10개의 선교단체에 초청장을 보냈다. 10개의 선교단체들이 모두 이 일에 일치된 의견을 보여서 결국 1966년에 국제 아프가니스탄 선교회(International Afghan Mission)가 설립되었다. (이후이 명칭의 영문 표기 첫 자들을 모아 I am International Assistance Mission으로 바꾸어 스위스에서 법인체로 등록했다). 아프가니스탄의 외국인 사회가 점점 더 커지면서 교회도 크게 성장했다. 우리 집에는 더 이상 예배를 드리러 오는 사람들을 모두 수용할 수 없게 되었다. 이때까지는 마치 신약 시대에 각 집에서 모여 예배하던 교회처럼 보였다. 그런데 이제 그곳 외국인 사회의 필요를 채우기 위해서 좀 더 큰 예배 처소가 있어야만 했다.

1959년 12월 아이젠하워 대통령이 아시아 순방을 하는 중에 아프가니스탄에 들릴 예정이었기 때문에 나는 대통령의 전담 목사인 엘슨 박사에게 아프가니스탄 행정장관에게 부탁해서 우리가 교회 건물을 지을 허가를 받을 수 있도록 해 달라고 편지를 썼다. 회교도 외교관들을 위해 회교 사원이 워싱턴디씨에 준공된 선례가 있어 상대적으로 아프가니스탄에도 크리스천 외교관들과 그곳에 와 있는 다른 외국인들을 위해 교회를 세울 차례가 되었기 때문이다. 아이젠하워 대통령은 너그럽게 부탁을 받아들여 아프가니스탄을 방문했을 때, 왕에게 교회 건축 허가를 요청했다. 아프가니스탄 정부는 결국 교회건축 허가를 내 주었다. 전세계의 수많은 크리스천들이 이 교회 건축을 위해 헌금을 보내주었다. 건물이 올라가는 대로 건축비가 충당되어 1970년 5월 17일 드디어 오순절 주일에 주님께 헌당 예배를 드렸다.

　헌당 예배 시간에 뉴욕에서 온 한 히피소녀가 그리스도를 구주로 영접했다. 하나님께서는 이 교회를 사용하셔서 1960년대와 1970년대에 세계 도처에서 마약을 구하기 위해서, 혹은 동방 종교들을 연구하기 위해서 아프가니스탄에 떼지어 모여든 수천 명의 여행자들에게 복음 전하는 일을 시작하게 하셨다. 이 일은 이제 Youth with a Mission의 한 부분인 Dilaram Ministry로 알려져 있는데, 플로이드와 샐리 맥클렁이 그 책임을 맡고 있다. 이 사역을 통해서 많은 젊은이들이 그리스도께로 돌아왔다. 매주일 예배에 30명 내지 50명의 여행자들이 참석하는 것은 보통 감격스러운 일이 아니었다. 하지만 회교에서 다른 종교로 개종하면 죽인다는 것이 회교법에 포함되어 있었기 때문에 그리스도께 돌아온 아프가니스탄 사람들로 인해 박해가 시작되었다. 어느 주일 아침 예배를 마치고 난 후에, 군인들이 와서 철거 명령을 받았다며 큰길가의 교회 벽을 무너뜨리기 시작했다.

한 독일인 크리스천 실업가가 철거 명령을 내린 시장을 만나 '만일 그들이 하나님의 집에 손을 대면 하나님께서 정부에 심판을 내릴 것'이라고 경고했다. 여러 나라의 대사들이 중재에 나서서 철거가 연기되었다. 그러는 동안 맹인들을 위한 사업을 중단하라는 명령이 내려지고, 학생들은 귀가 조치되었다. 또한 해외에서 온 크리스천 교사들도 일주일 이내에 출국하라는 명령을 받게 되었다. 아내와 나는 이 시기에 아프가니스탄에서 추방을 당했다. 우리는 여전히 그곳 사람들을 사랑했으나, 주님의 말씀에 따라 공항에서 신발의 먼지를 떨고 그 나라를 떠나왔다(눅 9:5). 우리가 떠나온 후에 수상은 그 교회 철거를 위해 건물을 정부에 양도해 달라고 했다고 한다. 이에 교인들은 수상에게 편지를 써서 교회 건물이 정부의 것이 아니므로 아무에게도 내어 줄 수 없다고 반박했다. 그 교회 건물은 주님께 바쳐진 것이었기 때문이다.

1973년 6월에 아프가니스탄 정부는 불도저를 보내 아름답던 교회 건물을 무너뜨렸다. 교인들은 나서서 반대를 하는 대신에 교회 건물을 철거하는 군인들에게 차와 과자를 대접했다. 군인들은 눈물을 흘리며 그들은 "하나님의 집을 무너뜨리는 것이 옳지 않은 일이지만 어쩔 수 없이 명령에 복종해야 한다."고 말했다고 했다.

아프가니스탄 정부는 이어 자국 내에 지하 교회가 있다는 정보를 입수했다. 그들은 지하 교회라는 말의 의미를 잘 이해하지 못하고 있었기 때문에 지하에도 교회가 있는지 확인해 보기 위해 땅 밑으로 12피트나 파 내려갔다.

1973년 7월 17일, 교회 건물을 무너뜨리고 기초까지 파헤치던 바로 그 날, 철거 명령을 내린 아프가니스탄 정부는 전복되고 말았다. 227년 동인 계속되어 오던 군주국이 무너지고 아프가니스탄은 공화국이 된 것이다.

새 정부는 대통령의 동생을 보내 교회 건물을 무너뜨린 데 대한 사과를 했고, 교회를 철거한 것은 회교법에도 저촉되는 일이었다고 말했다.

건물을 잃었음에도 불구하고 사람들은 계속 모였다. 이 교회의 장래는 "내가 이 반석 위에 내 교회를 세우리니 음부의 권세가 이기지 못하리라." (마 16:18)하신 주님의 약속만큼이나 밝다고 할 수 있을 것이다.

영어를 사용하는 세계 곳곳의 교회들

1973년 3월 아프가니스탄에서 강제 출국을 당한 뒤에 아내와 나는 이란의 테헤란에서 한 해를 보냈다. 거기서 우리는 외국인 교회뿐만 아니라 퍼시아인 교회와 알메니아인 교회, 네스토리우스파 교회를 접하게 되었다. 당시 이란에 영어를 사용하는 교회가 스물 한 개였다. 남침례교 외국선교회에서 전세계에 세운 영어 사용 교회만 해도 100개가 넘는다. 유진 그럽스 박사는 "이들 교회 개척에 관한 이야기는 헌신적이고 희생적인 목회 지도자들의 도움 아래 평신도들이 적극적으로 참여해서 이루어진 특별한 예라고 할 수 있다."라고 말하고 있다. 이들 교회 중 약 75퍼센트가 자립하고 있다. 해외 자립 교회 교인들 가운데 많은 사람들이 수입에서 십일조를 드려서 현지의 선교 사업을 돕고 있다.

남부침례회 안에는 다음과 같이 기록되어 있다.

"초대 교회에 관해 성경을 '그 흩어진 사람들이 두루 다니며 복음을 전하였다'고 기록하고 있다. 오늘날 사업이나 정부의 직책, 군 복무, 혹은 공부 등의 목적으로 해외에 흩어진 수많은 사람들이 이 말씀처럼 가는 곳마다 복음을 전하고 있다. 본국의 집과 교회, 친숙한 환경을 떠나 해외에 흩어져 있는 이 크리스천들은 종종 외로움을 느끼고 당황하게 된다. 이따금씩 그들은 영적으로 곤궁해지기도 한다. 그들에게는 예배와 전도를 위해 교회 건물이 필요하다."

남침례교 외국선교회는 또한 해외의 영어 사용 교회를 담임해서 목회할 선교사들을 모집하고 있다. 본국의 교회에서 은퇴한 많은 목회자들이 연장된 선교 소명을 가지고 해외에 나가서 교회를 돌보고 있다. 미국인 목회자들은 영어로 설교하고 영어로 봉사하기 때문에 새로 언어를 배울 필요가 없다. 어떤 목회자는 이것이 아주 보람있는 일로 여겨 해외의 여러 교회에서 헌신적으로 일하기도 했다. 개혁교회 출신의 한 목사는 모스크바, 인도, 남아프리카 공화국, 나이로비, 스위스, 이스라엘 등지에서 영어를 사용하는 교회를 맡아 목회하기도 했다. 또 어떤 이들은 동시에 여러 다른 지역의 교회를 섬기기도 한다. 한 목회자는 사우디아라비아의 수도에 800명이 모이는 교회를 담임하고 있으면서 아라비아반도의 여러 지역들을 비행기로 이동하며 크리스천들을 위해 예배를 인도하고 있다.

N.C.C.C.(National Council of the Churches of Christ)와 외국인 교회 책임자인 존 콜린스 목사는 현재 그들이 전세계 백 군데가 넘는 곳에서 영어를 사용하는 교회와 관계를 맺고 있다고 한다.

푸에르토리코와 하이티에서 목회했던 로널드 스민지 목사는 국제 크리스천협회(International Fellowship of Christians)를 조직하고 「세계 영어 사용 교회 안내서」(Directory of English speaking Congregations Around the World)를 출간하고 있다. 해외에 흩어져 있는 미국인들에 관해 그는 이렇게 쓰고 있다.

"이 사람들은 본국에 있을때보다 복음에 대해서 더 민감한 반응을 보인다. 필요성을 예민하게 느끼기 때문에 점점 민감하게 반응하고 있다. 변화를 겪어야 하는 만큼, 그 이상의 변화에 대해서도 마음이 열려 있다. 일본에서는 전체 인구의 1퍼센트가 크리스천이다. 그러나 브라질 내 70만 명의 일본 교포 가운데 43퍼센트가 어느 정도의 기독교 신앙을 갖고 있다고 한다. 전세계의 크리스천들 가운데서 새로운 역사가 전개되고 있다."

각 교단과 선교 기관들도 역시 해외에 영어 사용 교회를 설립하고 후원해 왔다. 이들 교회 중 대부분은 필요성을 느낀 현지의 선교사들이 시작했다. 예를들면 C & MA(Christian and Missionary Alliance) 교단도 4개의 영어 사용 교회를 후원하고 있다. 세계 도처에서 영어를 사용하는 또 하나의 교회 그룹은 군인 교회이다. 이 교회들은 단지 군인들만 아니라 일반인들도 섬기고 있다.

ACCTS(Association for Christian Conferences on Teaching and Service), CCMM(Campus Crusade Military Ministry), OCF(Officers Christian Fellowship), YWAM(Youth with a Mission) 등 여러 기관들이 군인들을 위해 복음 사역을 돕고 있다.

학생들을 기독대학생회의 선교 대회에 데리고 왔다가 자기 자신이 오히려 선교의 부담을 느끼게 된 어떤 목사가 있었다. 그는 나에게 '해외에 나가서 자신이 할 수 있는 일을 추천해 달라'고 요청했었다. 나는 다른 나라에 가서 영어를 사용하는 교회를 맡아 목회할 수도 있을 것이라고 제안했고, 얼마 뒤에 그는 이런 편지를 보내왔다.

저는 얼바나 '73 선교 대회 마지막 날 밤에 건물 복도에서 당신을 만난 사람입니다. 우리는 그때 잠시 걸음을 멈추고 이야기를 나누었지요. 당시 저는 뉴욕주 얼바니시에 있는 작은 교회를 담임한 목회자였습니다. 당신은 연합 교회를 말씀하시며, 나더러 한 번 영어를 사용하는 외국의 교회를 알아보라고 하셨습니다. 집에 돌아오자마자 그 교회를 알아보았습니다. 그런데 1975년 7월이 될 때까지 아무런 소식도 받지 못했습니다. 그러다가 우리는 파나마 시티에서 17마일 떨어진 이 곳 감보아에 있는 한 복음주의 연합 교회의 청빙을 받게 되었습니다. 오랫동안 기도를 하며 정신적인 씨름을 한 끝에 우리는 1976년 1월 이곳으로 이사했습니다. 하나님께서 얼마나 멋지게 역사하시는지요! 우리는 다른 연합 교회들에서도 말씀을 전하고 수련회도 인도할 기회를 얻었습니다. 여러 사람들이 자기의 삶을 그리스도께 드리고, 한 가정이 점점 나아져 가고 있고, 두 젊은이가 전적으로 그들의 생애를 주님께 드리기 위해 준비하고 있습니다. 우리는 이 일을 당신께 알려 드리고 싶었습니다. 참, 그리고 우리는 우리의 문 뒤로 파나마 운하를 지나가는 세계의 여러 나라 배에 타고 있는 승무원들을 위해 기도하고 있습니다!

그리스도 안에서, 빌 윌버 드림

18. 해외 체류 중에 복음을 전하라

> 그런즉 내 상이 무엇이냐
> 내가 복음을 전할 때에 값 없이 전하고 복음으로 인하여
> 내게 있는 권을 다 쓰지 아니하는 이것이로라
> 고린도전서 9 : 18

그리스도의 명령에 따르면 텐트메이커들의 우선적인 관심사가 세계 복음화가 되어야 할 것이며, 해외에 나가 일하는 동안 복음을 전할 수 있는 최선의 방법이 무엇인가 하는 질문을 제기해야 한다.

친분 전도(Friendship Evangelism)

"어떤 친구는 형제보다 친밀하니라"(잠 18:24). 윌리엄 캐리는 "선교사들은 모든 합법적인 방법들을 다 동원해서 그들(현지의 국민들)과 더불어 친분 관계를 맺기 위해 힘써야 한다."라는 말로 친분 전도의 중요성을 강조하

고 있다. 한국에서 선교사로 일한 스텐리 솔토 박사는 경험에 비추어 다음과 같이 말하고 있다.

"관리들을 의례적으로 방문해서 그들의 존경과 호의를 얻기 위해 시간을 보내는 것은 사실상 시간 낭비가 아니라면, 성과 없는 일인 것처럼 보일것이다. 그러나 먼 훗날을 내다보는 선교사라면 이 관리들의 영혼 구원을 위해서뿐만 아니라, 그들의 배려가 전국에 더 큰 영향을 미치도록 하기 위해서라도 관리들의 신용과 우정을 얻어 둘 분명한 의무가 있음을 인정해야 할 것이다. 바울이 벨릭스와 베스도 앞에서 자신을 변호할 때 보여 준 예의를 본받아야 할 것이다… 이 일은 나중에 바울의 사역에 효과적이고도 유익한 결과를 가져다 주었다."

Wycliffe Bible Translators와 Summer Institute of Linguistics의 창시자인 캐머론 타운젠드 박사는 그의 성공적인 크리스천 외교를 통해서 모든 나라의 관리들과 국민들로 더불어 친분 관계를 맺는 친분 전도의 중요성을 보여 주었다. 친분 전도가 중요한 이유는 그것이 전달자가 의견을 펼치고, 설득하고, 친분 관계를 맺어 나가는 과정에서 받아들이는 당사자에게 많은 영향을 줘서 회심이 일어나게 하기 때문이다.

다른 종교를 가진 사람이라 할지라도, 텐트메이커로 아프가니스탄에 갈 때는 회교 성부에 의해서 종교의 자유가 엄격히 제한되었다. 그러나 우리는 그곳에서 자유롭게 친구를 사귈 수 있었다. 사람들을 집에 친절하게 맞아들이는 것은 친분 전도의 좋은 예라고 할 수 있다. 외무성 직원들에게 영어를 가르쳐 달라는 요청을 받았을 때 이후 세계 여러 나라에 대사로 나가게 될 아프가니스탄 외교관들과 사귈 수 있었다. 나중의 일이지만, 영어반 학생이었던 외교관의 도움으로 아프가니스탄 재입국 비자를 얻을 수 있었던 적이 한두 번이 아니었다. 그들이 아니었더라면 아내와 나는 아마도 아프가니스탄에 들어가지 못했을 것이다. 또한 내가 아프가니스탄의 황태자와 그의 개인 비서에게 영어를 가르쳤다는 사실 하나만으로 교회 건물을 철거당할 때까지 아프가니스탄에 머물 수 있었다.

기도와 전도

성경은 "우리의 씨름은 혈과 육에 대한 것이 아니요 정사와 권세와 이 어두움의 세상 주관자들과 하늘에 있는 악의 영들에게 대함이라."(엡 6:12)라고 말씀하고 있다. 로잔 협약의 "우리가… 세계 복음화를 좌절시키려는… 정사들과 악의 권세들로 더불어 끊임없는 영적인 싸움을 싸우고 있다."는 구절은 이 말씀을 반영하고 있다.

아프가니스탄 사람들은 사단이 하늘에서 땅으로 쫓겨날 때, 그들의 수도인 카불로 내려왔다는 전승을 믿고 있다. 그래서 그런지, 처음 그곳에 도착했을 때 그 땅의 악의 권세를 느낄 수 있었다. 사단은 크리스천 공동체를 밖에서 공격했을 뿐만 아니라, 또한 공동체 내부의 인격적인 충돌을 통해서도 공격을 가해 왔다. 이러한 시련들이 어떤 사람들에게는 아픈 상처를 남기게 하고, 다른 사람들에게는 낙심을 안겨 주었다. 다윗은 이렇게 증거하고 있다. "하나님의 구하시는 제사는 상한 심령이라 하나님이여 상하고 통회하는 마음을 주께서 멸시치 아니하시리이다"(시 51:17). 승리의 비결은 하나님의 전신갑주를 입고 주 안에서 강해지는 데 있을 뿐만 아니라, 또한 "모든 기도와 간구로 무시로 성령 안에서 기도하여"(엡 6:18) 사단과 씨름하는 것에 있다. 이것이 바로 사도 바울이 크리스천들에게 편지할 때마다 거듭해서 기도를 요청하고 있는 이유이다.

우리는 아프가니스탄에서 매번 정기적으로 본국의 후원 교회와 친구들에게 매일 기도해 줄 것을 요청하는 기도 편지를 보냈다. 이 기도 편지는 수백 명의 기도 용사들에게 전달되었다. 하나님께서 우리의 기도를 들으시고 응답해 주시는 것을 보는 전율을 느낀 적이 한두 번이 아니었다. 하나님께서는 불가능한 상황들을 보살펴 주실 뿐만 아니라, 또한 그리스도를 효과적으로 증거하도록 환경을 열어 주셨다. 종교의 자유가 금지되어 있었음에도 불구하고 우리는 기도의 자유를 누릴 수 있었다. 또 하나님께서는 기대치 않은 전도의 기회들을 허락해 주셨다. 맹인학교의 청년이 한 번은 우리를 찾아왔다.

그는 "내가 비록 맹인일지라도 가르쳐주시는 선생님들의 삶에서 사랑을 느낄 수 있었다."며 내가 믿는 하나님에 대해 이야기해 달라고 부탁을 해 왔다. 그에게 복음을 전하는 것은 말할 수 없는 기쁨이었다.

적대적인 상황에서 전도

오늘날 세계의 여러 곳의, 특히 회교와 공산주의 정부가 들어선 나라에서는 종교의 자유가 엄격히 제한되어 있다. 이것은 새로운 일이 아니다. 우리 주님께서는 역사적으로 알려진 가장 압제적인 정부 가운데 사셨다. 그런데도 주님은 그의 제자들에게 모든 족속에게 가서 복음을 전하라는 지상명령(the Great Commission)을 주셨다. 그러면서 주님은 이 일을 위해서는 제자들이 뱀같이 지혜롭고 비둘기같이 순결해야 된다고 설명하셨다. 크리스천은 세계를 복음화하라는 그리스도의 명령을 수행함에 있어서 지혜롭고 분별력있게 처신해야 한다. 그들의 일차적인 의무와 충성은 하나님께 대한 것이다. 그러므로 정부가 주님의 분명한 명령에 반대되는 지시를 내릴 때는 신자들이 베드로와 요한이 했던 것처럼 "하나님 앞에서 너의 말 듣는 것이 하나님 말씀 듣는 것보다 옳은가 판단하라."(행 4:19)고 말해야만 한다.

크리스천이 국민의 차원에서 정부에 충성해야 하는 것은 사실이다. 그러나 정부 당국이 주님의 명령을 거스릴 때는 주님께 대한 책임과 의무를 우선적으로 수행해야 할 것이다. 복음은 변하지 않으므로 크리스천들은 '성도에게 단번에 주신 믿음의 도를 위해 힘써 싸워야'(유 1:3) 한다. 또한 복음을 전하는 방법이 변할 수 있는 만큼, 우리는 특히 적대적인 지역에서 복음을 전할 때 지혜롭게 대처해야 한다.

회교 국가에서는 개종이 일방통행으로 간주된다. 사람이 한 번 회교로 개종하고 나면 그 회교 신앙을 떠날 수 없다. 하나님께서도 사람들에게 신앙을 강요하지 않으시는데, 어찌 인간 정부나 종교가 이런 특권을 갖고 있는 것으로 생각할 수 있겠는가.

공산주의 정부는 종교를 '민중의 아편'으로 간주해서 활동을 엄격히 제한하고 있다. 그럼에도 불구하고 이들 나라의 크리스천들은 종종 투옥이나 순교까지도 각오하고 계속해서 전도하고 있다. 고난의 시대에 성장한 교회의 예에서 볼 수 있듯이, 하나님께서는 그들에게 은혜를 베푸시고 많은 열매를 맺게 하실 것이다.

가정에서의 전도

윌리엄 서덜런드 목사는 아프가니스탄 국경에서 여러 해 동안 선교사로 일했다. 임기를 마친 그에게 선교 사역에 있어서 가장 효과적인 부분이 무엇이었냐고 물어 보았다. 잠시 생각하더니 의외로 '매일 가정에서 가졌던 경건의 시간이었다'고 대답했다.

　세계의 많은 지역에서는 사람들이 필사적으로 일자리를 찾고 있다. 이 기회를 잘 활용해 집안일을 돕는 사람을 고용하면 남는 시간을 이용해서 공부를 하거나, 가르치거나, 도움이 필요한 사람들을 보살필 수 있다. 또한 집안일을 도와주는 사람들과 함께 가정에서 경건의 시간을 갖는 것은 효과적인 전도의 기회가 된다. 그 지역의 말로 번역된 성경을 사용하면 하나님의 말씀을 알게 되고, 그 말씀을 통해서 하나님이 그들의 심령 속에 역사하실 것이다.

　우리는 아프가니스탄에서 우리를 돕는 사람들과 매일 만났다. 나는 교회의 정원사에게 난생 처음으로 우리 주님이 죽은 나사로를 살리신 이야기를 할 때의 일을 잊을 수 없다. 이 이적에 대한 이야기를 들을 때 그의 눈에서 눈물이 뺨으로 흘러내렸다. 그는 말하기를 "죽은 지 나흘이나 되는 사람을 살리신 예수 그리스도는 얼마나 놀라운 권능을 가지신 분일까요!"라며 감격스러워했다.

　우리는 집에 식사 손님을 청할 때마다 음식을 주신 주님께 감사드리고 거기 와서 앉아 있는 손님들의 필요를 위해 예수 그리스도의 이름으로 간구했다. 회교도들은 그 기도에 대해 크게 감사하고 언제나 존경어린 태도로 경청했다. 우리는 비록 짧은 거리지만, 출발 전 차 안에서 잠시 손을 멈추고 기도를 드리는 것이 주님의 보호를 받을 뿐만 아니라, 함께 탄 아프가니스탄 사람들에게 전도가 된다는 사실을 발견할 수 있었다.

현지 국민들에 대한 전도

　아프가니스탄 사람들은 대개 서방 세계의 사람들과는 달리 종교적인 일에 관한 이야기를 할 때, 대화에 좀 더 잘 응하곤 했다. 그들은 사람들이 믿는 것에 대해서 질문하는 것을 좋아한다. 그것이 우리의 신앙을 전하는 기회를 제공할 뿐만 아니라 또한 그들이 무엇을 믿는가 알아낼 수 있는, 하나의 자연스러운 계기를 제공해 준다.

현지 사람들이 그리스도 앞으로 나올 때는 다른 신자들과 함께 교제를 나눌 수 있도록 서로 연결시켜 주는 것이 중요하다. 또한 그들이 자기 나라의 말로 예배를 드리고 자기 나라의 음악으로 찬송을 불러서 기독교에 대해 편안한 마음을 갖도록 해 줄 필요가 있다. 처음부터 그들의 교제 안에서 지도자를 갖도록 격려해 주어야 한다. 그들의 지도자가 예배를 인도하고, 세례를 베풀고, 성찬식을 거행하도록 해야 한다. 지역 교회의 신자들은 가능한 한 자치(self-governing), 자립(self-supporting), 자전(self-propagating)할 수 있도록 도와야 할 것이다.

모든 족속으로 제자를 삼아 주님께서 분부하신 모든 것을 가르쳐 지키게 하라고 말씀하신 주님의 명령을 수행하기 위해서는 전도와 선교의 비전을 심어 주는 것이 무엇보다도 중요하다. 교회는 신자들에게 사람들을 그리스도께 인도하는 법을 가르쳐야만 한다. 더 나아가서 전세계에서 수행하고 있는 하나님의 일을 살펴보고, 그들도 아직 복음을 접해 보지 못한 사람들을 찾아가서 선교하는 일에 참여할 수 있도록 도전해야 할 것이다.

현지의 외국인들에 대한 전도

현지 외국인 사회도 역시 전도의 큰 기회를 제공해 준다. 현지에서 이름뿐이었던 크리스천들이 예수 그리스도를 아는 구원의 지식에 이르는 것을 보는 것은 엄청난 기쁨이었다. 그들 중 상당수는 진정한 우정과 사랑에 굶주려 있었다. 격식 없이 간단한 다과를 나누는 일이나 가정 성경 공부 좋은 서적은 그들에게 큰 영향을 미칠 수 있다. 아프가니스탄의 어떤 사람은 집에서 기독교 서적을 읽다가 그리스도를 주님으로 영접하기도 했다. 교회에 서적을 비치해 두면 좋은 효과를 볼 수 있다. 현지의 많은 외국인이 자기 성경을 가져오지 않기 때문에 교회에서 성경을 선물로 받게 되면 기뻐할 것이다.

전도 훈련

어떤 텐트메이커들은 현지에서 크리스천 통신과를 택하거나 그들이 일하는 지역에서 연장신학교육을 받을 수 있다. 예를 들어 나이지리아의 어떤 크리스천 엔지니어는 설교학 과목을 공부할 수 있었다. 두 해를 공부한 후에 그는 한 지역의 설교자로 인가를 받게 되었다. 연장신학교육은 평신도 크리스천들을 위한 것이므로, 이런 형태의 준비는 자연히 텐트메이킹 사역에 알맞은 것이라 할 수 있다.

교회 밖의 많은 크리스천 기관들이 이제는 국제적으로 일하고 있다. 이러한 이유로 텐트메이커들은 해외 사업을 하고 있는 크리스천 기관들로부터 현지에서 도움을 받을 수 있다.

C.C.C.는 지금까지 그들의 전도지와 교재를 여러 나라 말로 번역해서 현지의 선교사들에게 도움을 주고 있다. 기드온협회(The Gideons)는 전세의 호텔과 학교에 성경을 공급하고 있을 뿐만 아니라, 크리스천 평신도들이 지도하는 수련회를 여러 나라에 좀 더 많이 운영하는 일에 관심을 갖고 있다. 그들은 지금 100여 개 나라에서 일하고 있는데, 북미주에서 들어오는 대부분의 수입을 해외 사업에 투자하고 있다.

어린이전도협회(Child Evangelism Fellowship)는 66개국에서 사업을 진행하고 있다. 그들은 어린이 집회를 인도하는 방법과, 청소년의 주의를 끄는 자료 사용법, 개인전도 방법들에 관한 훌륭한 세미나를 운영하고 있다.

성경은 우리 속에 있는 소망에 관한 이유를 묻는 자에게 대답할 것을 항상 예비하라고 말씀한다(벧전 3 : 15). 하워드 매슨 보우즈 박사는 수업 시간에 이란 학생으로 부터 "우리를 기독교로 개종시키기 위해서 여기 오셨습니까?"라는 도발적인 질문을 받았던 경험이 있다. 그는 그렇게 대답했다고 한다. "그래요. 여기 온 목적은 미국에서 가르칠 때의 목적과 같아요."

19. 제 3세계의 자비량 선교사들

> 그가 회당에서 담대히 말하기를 시작하거늘
> 브리스길라와 아굴라가 듣고 데려다가
> 하나님의 도를 더 자세히 풀어 이르더라
> 사도행전 18:26

오늘날 기독교계에서 벌어지고 있는 감격적인 일 가운데 하나는 제 3세계의 교회들이 선교의 비전을 포착하고 있다는 것이다. 예를 들어 1956년에 창립된 마닐라의 그레이스 가스펠 교회는 지금 아시아의 여덟 개 나라에서 일하는 47명의 선교사를 지원하고 있다. 또한 제 3세계의 나라들에서 다른 나라들로 나가 경제적으로 자립하여 일하는 선교사들이 점점 늘어가고 있다. 이것은 고린도에서 그리스도를 영접하고 에베소에 가서 텐트 메이커가 되었던 성경의 브리스길라와 아굴라의 모범을 따르는 일이다.

골란 고원에 주둔하고 있는 동안 성경을 읽다가 주님을 영접하게 된 한 회교도 병사는 제 3세계 텐트메이킹 선교에 관해 이렇게 말하고 있다.

"나는 교회가 참으로 성장을 하기 위해서는 자국의 크리스천들이 텐트메이킹 선교를 시작해야 할 것으로 믿는다. 이집트의 크리스천이 아랍어를 사용하거나 혹은 아랍어를 존중하는 알제리나 방글라데시에 가서 주님을 섬길 때 얼마나 더 큰 기회를 얻겠는가! 북아프리카나 중동의 선교의 문이 아주 닫혀져 있는 것은 아니다."

그는 다음 말에서 그러한 텐트메이커들을 준비시키는 일의 중요성을 지적하고 있다.

"이집트와 수단의 많은 청년들이 다른 나라에 가서 주님을 섬기기를 원하지만 그들에게 먼저 필요한 것이 회교권 전도 훈련이다. 하나님께서는 분명히 오늘날 새로운 방법으로 일하고 계신다. 나는 우리의 급선무가 자국인 크리스천들을 동원하고 훈련시켜서 서양 선교사들의 문이 완전히 닫히는 일이 있더라도 현지 교회가 자립할 수 있도록 만드는 일이라고 믿는다."

중동의 어떤 크리스천은 "이란의 바하이파는 그 종파의 회원들이 텐트메이킹 사역을 해서 놀라운 속도로 그들의 신앙을 전국에 전파했다. 이제 회교 국가들에게 텐트메이킹 사역을 최대로 활용해야 할 때가 되었다."고 말하고 있다.

로잔 협약의 "우리는 새로운 선교의 시대가 밝아오는 것을 기뻐한다…

하나님께서는 좀 더 젊은 교회들로부터 세계 복음화를 위해 새롭고도 엄청난 자원을 개발하고 계신다."는 대목에서 제 3세계 크리스천들 가운데서 개발되고 있는 텐트메이킹 사역을 반영시키고 있다.

로잔 협약은 이렇게 계속된다. "이와 같이 될 때… 그리스도의 교회의 보편적인 특성이 좀 더 분명히 드러날 것이다… 선교사들은 겸손한 봉사 정신으로 오대양 육대주를 더욱 더 자유롭게 왕래해야 할 것이다."

아프가니스탄의 제 3세계 텐트메이커들

카불에는 제 3세계 텐트메이커들로 이루어진 훌륭한 그룹이 지속적으로 존재해 왔다. 대표적인 인물로 유엔과 관계된 일을 추진했던 중국인 크리스천 농학자인 킨톤 케 박사를 들 수 있다. 킨톤 케 박사는 아프가니스탄에서 선교할동을 펼친 위대한 전도자였다. 그곳 교회의 장로로서 사람들에게 행동으로 그리스도의 사랑을 보여 주기 위해 계획된 여러 가지 일들을 주도해 나갔다. 그는 아프가니스탄 내의 하천과 호수에 캐나다 원산의 무지개 송어(rainbow trout)을 방류했을 뿐만 아니라, 그 나라에 롱아일랜드 산 집오리를 가져 왔다. 그는 현지 주민들에게 그리스도를 전했고, 다른 중국인 친구들을 인도해서 주님을 아는 구원의 지식에 이르게 했다.

시저 마일튼은 필리핀에서 온 텐트메이커였다. 그는 아프가니스탄 남부에서 댐과 운하를 건설하는 미국 건설 업체에 근무했다. 어느 날 공사 현장에서 운전을 하고 있을 때, 그는 아프가니스탄 인부 하나가 운하 가운데 빠져서 허우적거리는 것을 보게 된다. 밧줄을 던져 주었으나 그 사람이 잡을 수 없었다. 결국 시저는 밧줄 한 끝을 자기 트럭에 매고 다른 끝을 자기 몸에 묶은 다음 운하에 뛰어들었다. 물 속에 콘크리트 더미가 있는 것을 알지 못하고 뛰어든 그는 콘크리트 더미에 머리를 부딪쳐 그만 목숨을 잃고 말았다. 대신 물에 빠졌던 아프가니스탄 인부는 그의 몸에 묶인 밧줄을 잡고 올라와 목숨을 건질 수 있었다. 시저는 알려지지 않은 아프가니스탄 사람을 위해 자기 목숨을 버린 것이었다. 수백 명의 아프가니스탄 사람들의 장례식에 참석했다. 세상의 죽어가는 사람들을 위해 자기 생명을 내어 준 또 한 사람의 이야기가 전해진 것이다. 추도예배 메시지의 본문은 "사람이 친구를 위하여 자기 목숨을 버리면 이에서 더 큰 사랑이 없나니"(요 15:13)였다. 그는 복음이 전해지지 않은 아프가니스탄에서 예수 그리스도의 훌륭한 증인으로 살다가 하늘의 부르심을 받았다.

한국에서 나간 제 3세계의 텐트메이커들

한국에서도 해외에 나가 텐트메이킹 선교를 하는 크리스천들이 점점 늘어나고 있다. 의사, 간호사, 건설업체 직원, 무역업체 직원, 태권도 사범, 원양어업 종사자, 농업 전문가, 임업 전문가, 유학생 등. 수많은 한국인들이 해외에 나가 일할 기회를 얻게 되면서 이들 가운데 텐트메이킹 선교를 하는 크리스천들의 수가 증가되고 있다. 파키스탄(Pakistan)에서 전재옥 박사와 말린 넬슨은 그들의 공저인「Asian Mission Societies」에서 텐트메이킹 사역에 대해 다음과 같이 논평하고 있다.

"한국 크리스천들의 텐트메이킹은 스스로 일하여 경제적으로 자립하면서도 선교에 대한 비전을 잃지 않고 있다. 효과적으로 복음을 전하는 흔치 않은 사례 가운데 하나다. 우리는 이러한 구조와 형태의 외국 선교가 가장 잘 알려져 있을 뿐만 아니라, 또한 아시아 선교회들이 실천

하고 있는 것 중에 하나라고 생각한다."

스스로 일하여 경제적으로 자립하는 한국의 평신도 선교사들은 일대일 전도, 소그룹 성경 공부, 모범적이고 양질적인 크리스천의 삶과 근무로 직접 혹은 간접으로 복음을 전하고 있다. 더욱이 한국에서 나간 제 3세계의 텐트메이커들은 그들의 모임을 통해서 생활이 어려운 다른 정규 선교사들을 돕고 있다.

한국 기술자들이 해외에서 일터를 얻게 되면서 그들은 가는 곳마다 한국 교포 교회를 세웠다. 지금은 이란과 사우디아라비아에도 복음주의적인 한국인 교회가 있다. 회교의 요람인 사우디아라비아에도 많은 수의 대한민국 근로자들이 일하고 있다. 그들 중에 더러는 벌써 그들의 크리스천 신앙으로 인하여 핍박을 받기도 했다. 흩어진 유대인들이 가는 곳마다 아브라함과 모세의 하나님을 증거했듯이, 흩어진 제 3세계의 크리스천들이 가는 곳마다 주 예수 그리스도를 증거하고 있다. 그러나 이들 교회가 단순히 모여서 예배를 드리고 그들의 교포들에게만 전도하는 일로 그쳐서는 안 될 것이다. 아직 복음을 접해 보지 못한 다른 민족에게 초문화적으로 복음을 전하고 도와주기 위해서는 훨씬 더 많은 일들을 해야 할 것이다.

아프가니스탄에서 일하는 텐트메이커들과
아프리카에서 다른 곳으로 나가는 텐트메이커들

남인도의 마르토마교회에서 온 한 크리스천은 소말리아에서 유엔에 관계된 일을 했다. 그는 현지의 회교도들에게 그리스도를 전하고자 하는 선교의 부담을 느끼게 되었다. 성탄절을 맞아서 그의 가족은 선교사들과 함께 소말리아 회교 정부의 관리들을 자신의 집에 초청했다. 저녁 시간에 기쁨을 함께 나누며 '메시아' 연주를 포함한 아름다운 음악을 즐겼던 그들은 서로에 대해 좋은 인상을 가지게 되었다. 이렇게 해서 그들은 선교사들이 접근하기 어려운 현지 사회의 관료층에 복음을 전할 수 있었다.

동아프리카에서 메노나잇선교회(Mennonite Board)와 관계를 맺고 일하는 데이빗 셴크는 "많은 케냐 사람들이 근로자로 고용되어 아라비아에 가고 있다. 케냐의 교회는 이 근로자 그룹에 속해 있는 그리스도들이 회교를 좀 더 정확히 이해하고 확실한 선교 의식을 가지고 아라비아에 가도록 도와주기 위해 세미나를 개발하고 있다."고 말했다.

나이지리아의 한 교회는 키누리 사람들에게 40명의 선교사를 보냈다. 이 선교 사업은 그 나라의 회교도들 가운데 스스로 일하면서 복음을 전하기 때문에 '아굴라와 브리스길라 운동' (Aquila and Priscilla Movement)으로 불리고 있다. 나이지리아 복음주의 선교회(Evangelical Missionary Society of Nigeria)도 역시 원예, 채소 재배, 가축 사육, 재봉 등을 통해 경제적으로 자립하면서 현지인들과 동화될 수 있는 선교사 100 가정을 파송했다.

라틴 아메리카 텐트메이커들을 위해 계획

남미의 한 크리스천은 다음과 같은 편지를 보내 왔다. "우리는 앞으로 회교국가들, 특히 중동에 갈 많은 라틴 아메리카 사람을 모집하는 것을 바라고 있습니다. 이 나라에서 일할 기회를 소개하고… 대학교에 막 입학한 학생들에게 이러한 형태의 텐트메이킹 선교를 가지고 도전하게 됩니다. 이 닫힌 나라 안에 있는 크리스천들을 바라보며, 자립해서 선교할 이 사람들을 위해 어떤 지속적인 교육과 후원해 줄… 협력 체제를 개발해야 될 것 같습니다."

텐트메이커가 될 가능성이 있는 외국인 방문자들

성경은 우리에게 "손님 대접하기를 잊지 말라 이로써 부지 중에 천사들을 대접한 이들이 있느니라."(히 13:2)고 말씀한다. 서방 세계의 많은 크리스천들은 다른 나라로부터 오는 방문자들에게 복음을 전할 전략적인 선교의 기회를 잘 모르고 있다. 미국과 캐나다에 유학하고 있는 외국인 학생들이 수없이 많고, 유럽의 여러 나라에 가 있는 외국인 학생들도 많은 수에 달하고 있다. 이들은 미래의 세계 지도자들이다. 그들이 유학하는 동안 그리스도를 영접한다면, 자신의 나라에 돌아가서 그리스도의 사신들이 될 것이다.

이것은 계몽가 그레고리에게 일어났던 일이다. 그는 아르메니아에서 태어난 사람으로 가이사랴에서 유학하고 있던 청년 시절에 그리스도를 영접했다. 역사적인 사실들이 아주 선명치는 않으나, 분명히 그는 당시 로마에 유학을 갔다 온 새 왕 티리데이츠 III세(Tiridates III)와 함께 주후 287년에 아르메니아에 돌아갔다. 그레고리가 이교의 여신 아나히타(Anahita)에게 드리는 제사를 거부하자 왕은 진노해서 그를 고문하고 죽을 때까지 지하 감옥에 감금했다. 만약 13년 동안 음식을 내려 보내 준 한 여인의 친절한 보살핌이 없었다면, 그레고리는 살아남지 못했을 것이다. 그러던 중 왕이 병이 들게 되고 그레고리를 감옥에서 끌어내 병 치유를 위해 기도 요청을 하게 된다. 티리데이츠 왕은 건강이 회복되었고, 이 일을 통해서 기독교로 개종했다. 그 후로 왕이 직접 나서서 그 나라 전체를 복음화하는 일에 그레고리를 따라 열성적으로 도왔다. 우상들을 부수고 이교 신전들을 교회로 개조했다. 이렇게 해서 아르메니아는 주후 300년 경에 기독교 국가가 된다.

인도의 시크교도(Sikh)였던 유학생 바크트 싱은 위니펙의 YMCA에 소속된 한 청년의 전도를 통해 캐나다에서 그리스도를 영접했다. 자기 나라에 돌아간 후에 그는 수천 명을 주님께로 인도하고, 인도 대륙에 수많은 크리스천 예배 공간을 만들었다.

밴쿠버의 아름다운 크리스천 가정에서 기독대학생회가 후원하는 외국인 학생 집회를 가졌을 때, 나는 콜럼비아대학에서 박사 과정을 하고 있던 한 인도 여학생을 만났다. 그 여학생은 "나는 웃음을 띠고 악수를 하지만, 더 이상 가까워질 수 없는 모임에 많이 참석해 보았어요. 그러나 오늘 밤은 뭔가 다른 것을 느낄 수 있었어요. 나는 사랑을 느꼈어요. 그것이 무엇인지 알고 싶어요. 예수 그리스도와 그 밖의 다른 종교 지도자들 사이에 서로 다른 것이 무엇일까요?"라고 조용히 고백했다. 주님께서 그의 죽으심과 부활을 통해 우리를 용서하시고 우리가 마땅히 살아가야 할 길을 따라서 살아갈 능력을 주셨다는 사실을 이야기해 주었다. 그 여학생이 곧이어 "부활이 무엇을 뜻하나요?"라고 질문을 던졌다. 나는 주님이 어떻게 죽으셨으며, 또한 죽은 자 가운데서 어떻게 육체로 다시 살아나셨는가를 설명해 주었다. 여학생은 다시 "예수 그리스도께서 실제로 다시 살아나셨단 말씀인가요?"라며 반문했다. 내가 그렇다고 하자 그 여학생은 솔직하게 "난 여태까지 이런 이야기를 한 번도 들어본 적이 없어요."라고 말했다. 나는 이어서 성경을 펴고 부활에 관한 부분을 보여 주었다. 복음을 좀 더 자세히 풀어서 설명해 주고 나서 나는 그 여학생에게 예수 그리스도를 구주와 주님으로 영접할 것인가를 물었다. 그 여학생은 열정적으로 이렇게 대답했다. "그럼요. 꼭 영접하고 싶어요!" 지금 그 여학생은 그리스도 안에서 새로운 피조물이 되었다.

많은 유학생들이 외로움을 느끼며 실의에 차 있다. 그들은 우정에 매우 민감하고, 대개는 자기 나라에 있을때 보다 더 복음에 적극적인 반응을 보인다. 그들은 이미 자기 나라의 언어와 문화에 익숙하므로 자기 나라 사람들에게 자연스럽게 복음을 전할 수 있는 텐트메이커들이 될 수 있다. 그러기 위해서는 그들이 귀국하기 전에 믿음을 키워야 한다. 그들이 효과적으로 전도하기 위해서는 또한 해외의 교회나 선교 기관과 연결돼야 한다.

복음주의 노선을 취하는 많은 지역 교회들은 이 외국인 유학생들에게 복음을 전할 비전을 포착하고 있다. 크리스천 가정에서는 그들을 집에 초대한 후 교제를 나누고 있다. 선교 기관들도 역시 해외의 여러 나라에서 유학을 온 학생들이나 방문자들을 대상으로 일하고 있다.

하나님께서는 또한 이 외국인 유학생들을 위한 특수 사역을 위해 교회 밖의 크리스천 기관들을 많이 일으키셨다. 기독대학생회는 외국인 유학생들을 대상으로 일하고 있다. 이 전략적인 분야의 일을 전문적으로 하는 기관 가운데 하나는 외국인학생회(International Student Incorporated)이다. 그들은 해외에서 만나는 유학생들을 환영하고, 외국 생활에 쉽게 적응하도록 도와준다. 또한, 크리스천 가정과 교회를 소개해 주고, 방학 기간 중에 열리는 대회에 초청하며, 자기 나라 말로 된 성경을 구해 주는 등 여러 프로그램을 마련하고 있다. 대학생선교회(Campus Crusade for Christ)는 외국인 학생사역(International Student Ministry)이라 불리는 전담부서를 두고 있다. 이러한 기관들이 전문적이고 훌륭한 일들을 하고 있음에도 불구하고 외국인 방문자들의 수가 워낙 많아서 일손의 부족함을 느끼고 있다.

결국, 전에 없던 기회를 놓치지 않고 충분한 유익을 얻으려면 이 분야에서 훨씬 더 많은 일들을 해야 할 것이다.

냉전시대의 공산주의자들은 이 외국인 유학생들의 특성을 아주 잘 인식하고 있었다. 그들은 전세계 여러 나라들에서 적극적으로 유학생들을 모집해서 공산주의 사상을 주입시키기 위해 노력했다. 주은래는 프랑스에 유학하고 있을 때 공산주의자가 되었다. 호치민은 젊은 나이에 보스턴의 복음주의 교회로부터 불과 몇 걸음 밖에 떨어져 있지 않은 파커하우스 호텔에서 접시를 닦았다. 이때 교회가 그를 주님께로 인도하지 못한 결과, 이후에 그도 역시 프랑스에서 공산주의자가 되었다. 한 아프가니스탄 학생은 나에게 미국의 어느대학교에 와서 무신론적인 물질주의자가 되었노라고 고백했다. 우리 크리스천들이 깨어 있지 않으면, 주님의 이름으로 영접하지 않은 이 외국인 유학생들과 방문자들이 나중에 주님을 반대하고, 크리스천들을 반대하는 무신론자가 될 것이다.

최근에 우리가 출석하는 지역 교회에서 한 주간 동안 외국인 학생들을 접대한 적이 있었다. 우리와 함께 지냈던 학생 하나는 하버드대학교에서 공부하는 메카 출신의 회교도였다. 회교의 본부인 메카에는 크리스천들이 들어가지 못하게 되어 있으나, 하나님께서는 메카에 들어갈 수 있는 학생을 우리에게로 보내 주신 것이었다. 아프리카에서 온 학생들이 그들의 신앙을 회교도 학생에게 전해 주는 것을 들으면서 우리는 전율을 느꼈다.

이러한 외국인 학생들과 그 밖의 외국인 방문자들을 염두에 두고 성경을 살펴보면 다음과 같은 말씀을 확인할 수 있다. "타국인이 너희 땅에 우거하여 함께 있거든 너희는 그를 학대하지 말고 너희와 함께 있는 타국인을 너희 중에서 낳은 자같이 여기며 자기같이 사랑하라 너희도 애굽 땅에서 객이 되었더니라 나는 너희 하나님 여호와니라" (레 19:33, 34). 우리가 이 권면을 심각하게 받아들일 때, 많은 외국 사람들이 주님을 구주로 영접하고 자기 나라에 돌아가 그리스도를 위해 텐트메이커로 일하게 될 것이다.

20. 열 두 가지 유형의 자비량 선교사

「미션 핸드북」(Mission Handbook)에는 북미주에서 나간 개신교 해외 선교사들의 전체 수가 집계되어 있다. 해외 선교사들의 숫자가 계속적인 증가율을 보이고 있는데, 이것은 하나님께 영광을 돌리지 않을 수 없는 감격스러운 사실임에 틀림없다. 아직도 복음 전파의 일을 수행해 낼 정규 선교사들을 더 많이 모집해 파송할 필요가 있다. 그럼에도 불구하고 세계 인구의 약 절반에 달하는 사람들이 아직 복음을 들어보지 못한 채 전통적인 개념의 정규 선교사들이 들어갈 수 없는 지역에 살고 있다. 이 지역의 사람들에게 어떻게 복음을 전할 수 있을 것인가? 그들에게 복음을 전할 수 있는 방법들 가운데 하나는 바로 텐트메이킹 선교이다. 이제 열두 가지 유형의 현대 텐트메이커를 살펴보도록 하자.

1. 자국에서 동족 이웃에게 복음을 전하는 평신도 크리스천들
성경은 요한계시록 1장 6절과 5장 10절에서 신자들의 '제사장 직분'에 관해 가르치고 있다. 이것은 크리스천들이 구약성경의 제사장들처럼 하나님과 관계를 맺고 있을 뿐만 아니라, 이웃들에 대한 책임감도 갖고 있음을 계시해 준다. '너희는 이 모든 일의 증인이라'(눅 24:48)고 하신 예수 그리스도의 말씀은 모든 크리스천들에게 적용된다. 제임스 케네디 박사는 신자들 가운데 95퍼센트가 한 번도 전도해 본 경험이 없으며, 다른 사람을 그리스도께 인도한 신자는 겨우 2퍼센트밖에 안 된다고 말한다. 이러므로 교회가 온 세계를 복음화하려면 평신도들을 격려하고 훈련시켜서 개인 전도에 나서도록 동기부여 해야 한다.

2. 자국에서 외국인 학생들과 외국인 방문자들과 다른 나라에서 들어오는 난민들, 주변의 소수 민족들에게 초문화적으로 복음을 전하는 신자들

이런 전도자들은 자국에서 경제적으로 자립해서 초문화적으로 복음을 전하는 외국 선교사들이다. 외국인학생회(International Student Incorporation)와 대학생선교회, 기독대학생회 등은 해외에서 유학 온 학생들과 외국인 방문자들을 연결시켜 주고 있다.

3. 초문화 선교를 위해 정규 선교회와 관계를 맺고 해외에 나가서 복음을 전하는, 직업을 갖고 있는 크리스천들

이러한 형태의 텐트메이킹은 선교에 재정적인 도움이 될 뿐만 아니라, 발급이 쉽지 않은 입국 비자를 얻는 데도 도움이 된다. 윌리엄 캐리는 이 형태의 텐트메이커로서 모델을 제시해 준 선교사였다. 그는 처음에 영국 교회의 지원을 받는 선교사로 나갔으나 나중에는 염료 공장에서 일을 하고, 국립

대학에서 산스크리트어를 가르쳤다. 그는 경제적으로 자립해서 복음을 전하는 텐트메이킹 선교사였던 것이다. 오랜 시간 일본에서 일한 어떤 선교사 부부는 선교 현지로 돌아갈 엄청난 액수의 선교비를 모금할 수 없었다. 그들은 여전히 그들의 선교회와 관계를 유지하면서 정부가 지원하는 프로그램에 따라 부부 모두가 봉급을 받는 영어 교사가 되었다. 그들은 신약성경을 교재로 사용했으며, 선교 현지에서 효율적으로 활동 할 수 있었다.

4. 초문화 선교사로 해외에 나갈 계획을 가지고 훈련받은 자비량 크리스천들.

이 형태의 텐트메이킹 선교는 오늘날 정규 선교사들의 체류가 허락되지 않으나 기술자, 교사, 과학자, 실업가 등 자기 나라 개발에 도움을 줄 사람들을 환영하는 중국에서 크게 성공할 가능성이 있다. Overseas Counseling Service와 인터크리스토는 그러한 직책에 맞고 자질을 갖춘 사람들에게 제안과 함께 직업 알선을 해 주고 있다.

5. 자신의 교회, 대학생선교회, 외국인학생회, 기독대학생회, 네비게이토선교회, 영라이프선교회(Young Life), Youth for Christ, 그리고 그 외 여러 기독교 선교 기관들에서 훈련을 받은 크리스천 학생들

이들 중 더러는 세계 여러 곳의 대학교에서 공부를 하고 있다. 그들은 학생 텐트메이커로서 선교의 기회가 넓게 열려 있음을 깨닫고 있다. 최근 중국에 여행을 갔을 때 아내와 나는 거기서 공부하는 아주 훌륭한 여학생 하나를 만났다. 그 여학생은 그곳대학교에서 유학을 온 500명 이상의 외국인 학

생들 가운데서 유일한 크리스천이었다. 이전에 공산주의자였던 몇몇 학생들을 이미 그리스도 앞으로 인도한 그 여학생은, 다른 크리스천 학생들이 그곳에 와서 자기와 함께 복음을 전하게 되길 간절히 바라고 있다.

6. 교사들

많은 외국 정부는 자기 나라에 와서 언어 교육을 도와줄 영어 교사들의 여비와 봉급을 지급할 준비를 갖추고 있다.

영어 과목 이외에 교사를 위해 기회도 열려 있다. 최근에 젊은 여자 크리스천 기술자는 중국에 관광 여행을 갔다가 어떤 대학교에서 전공 분야를 가르쳐 달라는 요청을 받고 계약을 맺기도 했다.

7. 은퇴한 크리스천들

은퇴한 크리스천들은 그들의 전문 지식과 기술, 해외 근무의 풍부한 경험을 가지고 조언자로서 현지에 큰 도움을 줄 수 있다. 룻 시맨스는 이렇게 말하고 있다.

"7천명의 미국인들은 폴란드에서 특별대우를 받는 은퇴 생활을 하고 있다. 그리고 유고슬라비아에 5천 명, 프랑스에 4천 명, 스페인의 따사로운 해변에서 6천 명, 독일에 1천 명이 있다. 또 이탈리아에는 5만 명이나 있다. 다른 사람들은 라틴 아메리카에서 살고 있다. 어떤 이들은 스리랑가에 가서도 살고 있다. 어떤 때는 그들의 노후 생활이 그보다 멀리 미치도록 기도한다. 그리고 그들의 평생에 걸친 직업적인 경험은 은퇴한 후에도 아주 유용하게 사용될 수 있다. 나이 많은 사람들이 존경을 받는 나라에서는 나이든 선교사들이 필요하다."

8. 단기 해외 봉사를 하는 크리스천

여름방학을 이용해서 자비로 해외에 나가 선교를 돕는 학생들과, 선교 병원에서 단기 자원봉사를 하는 의사와 간호사들, 1년이나 2년의 단기에 해외에 나가서 일하는 크리스천이 여기에 해당된다. 몰몬교도들은 이 형태의 선교 방법을 사용하고 있다. 어느 한 시기를 택해 자비량으로 해외에 나가서 2년 동안 그들의 종교를 전하고 있는 젊은이들이 수천 명에 이른다. 우리 크리스천들도 이러한 방법을 활용하면 효과를 얻을 수 있을 것이다.

9. 국제적인 사업에 종사하는 크리스천들

어떤 다국적 기업의 부패를 시정하는 데 도움이 될 만한 한 가지 방법이 있다면, 그들의 정책 결정에 영향을 미칠 수 있는 크리스천들을 투입시키는 일일 것이다.

10. 대사관이나 군 관계, 평화봉사단(Peace Corps), 유엔 지부, 혹은 그 밖의 공식적인 기관들에 관련되어 해외에 나가서 일하고 있는 크리스천들

이 외에도 크리스천들이 일자리를 얻을 수 있는 해외 사업을 하는 자발적인 기관들이 많다. 그러한 직업들은 구제, 교육, 공중위생, 개발 등에 참여할 기회를 제공해 준다. 이 분야의 많은 일반 사회 기관들 외에도 월드비전(World Vision), World Relief(WR), World Concern, Food for the Hungry, Compassion 등 일꾼들을 필요로 하는 복음주의적인 기독교 기관들이 많이 있다.

11. 세계 곳곳에 교포 교회를 세우고 있는 크리스천들

세계 곳곳에는 영어를 사용하는 교회만 있는 것이 아니다. 다른 언어를 사용하는 다양한 국적의 교포 교회들도 있다. 한국의 크리스천들은 그들이 가는 곳마다 새로운 교회들을 수없이 개척하고 있다. 이 한국 교포 교회의 목회자들은 대개 그들이 섬기는 교인들의 지원을 받아서 일하므로, 실제적인 의미에서 텐트메이커라고 할 수 있다. 국제크리스천협회(International Fellowship of Christians)는 Program for Churchmen Overseas와 마찬가지로 영어를 사용하는 목회자들이 세계 도처의 교인들에게 일자리 구하는 일을 돕기 위해 노력하고 있다.

중앙 아메리카에서 텐트메이커로 일하는 포드 매디슨은 로잔대회 연설에서 이렇게 말했다.

"도대체 평신도들이 세계 복음화에 낄 자리가 있습니까? 수백 만의 보통 크리스천들은 어떻게 할 것입니까? 평신도들은 무엇을 원합니까? 우리는 참으로 가치있는 일… 성경을 공부하는 법과 기도하는 법, 사랑 안에서 행하는 법, 전도하는 법, 그리스도의 형상을 닮아가는 법을 배워서 우리도 역시 세계 복음화에 직접 참여하기를 원하고 있습니다."

12. 유학이나 방문차 왔다가 그리스도를 영접하고 자기 나라에 돌아가 동족에게 복음을 전하는 외국인들

앞 장에서 언급했듯이 외국인학생회(International Student Incorporated)와 그 밖의 기관들은 외국에서 온 기성 크리스천뿐만 아니라, 유학이나 방문중에 그리스도를 영접한 외국인들을 훈련시켜서 그들이 자기 나라로 되돌아가 효과적으로 전도할 수 있도록 도와주기 위해 힘쓰고 있다. 이 일은 선교회와 함께 제 3세계에 교회를 세워서 그 나라 사람들에게 복음을 전할 뿐만 아니라, 세계의 여러 다른 나라에도 전도자를 보내어 복음을 전하게 하는 일을 도와주고 있다.

 모든 형태의 텐트메이커들이 효과적으로 일하기 위해서는 지역 교회들과 선교 기관으로부터 도움을 받아야 한다. 이 일을 위해서 팀선교회(TEAM)는 그들의 정규 선교사 후보자들과 함께 텐트메이커들을 훈련시킬 결정을 내렸다. 또한 국제수단내지선교회(Sudan Inland Mission International)도 텐트메이커들이 아프리카에서 일자리를 얻도록 도와주기 위해 부서를 설치했다. Evangelical Foreign Missions Association(EFMA)과 Interdenominational Foreign Missions Association(IFMA)은 텐트메이킹의 기회가 있고, 또 선교 기관들과 관계를 맺을 수 있는 '인사 관리 비서들을 위한 연합 대회'를 개최하고 있다. 그 외에도 많은 지역 교회들이 선교 집회를 통해서 텐트메이킹 사역을 도전하고 있다. 이것은 아주 중요한 일이다. 텐트메이커들이 성공적으로 복음을 전하기 위해서는 지역 교회의 관심과 기도 후원이 절대적으로 필요하다.

 우리는 현대의 크리스천으로서 '왕 같은 제사장'이라는 성경의 원리를 확인할 뿐만 아니라, 또한 텐트메이킹 선교를 통해서 그 원리를 실천에 옮길 수 있도록 기도해야 할 것이다. 아프가니스탄 속담에 '물이 한번 흐른 곳에는 다시 흐를 수 있다'는 말이 있다. 역사상 위대한 영적 각성 운동은 성직자뿐만 아니라 평신도들이 적극적으로 개입되어 있다. 우리 주 예수 그리스도께서는 "나를 믿는 자는 성경에 이름과 같이 그 배에서 생수의 강이 흘러나리라."(요 7:38)고 약속하셨다.

'하나님의 동결된 자산' 평신도들이 성령의 불로 마음이 녹아 뜨거워진다면 "대저 물이 바다를 덮음같이 여호와의 영광을 인정하는 것이 세상에 가득하리라."(합 2 : 14)는 예언은 반드시 성취될 것이다.

21. 미래의 정책

주의 도를 땅 위에, 주의 구원을 만방 중에 알리소서…
하나님이 우리에게 복을 주시리니
땅의 모든 끝이 하나님을 경외하리로다

시편 67:2, 7

Christian and Missionary Alliance의 선교 책임자 윌리엄 컬은 "세계 복음화에 평신도들이 개입하지 않고서는 결코 그 사명을 완수할 수 없을 것입니다."라고 언급했다. 오늘날 크리스천 텐트메이커들에게 문이 열린 중국 대륙을 놓고 보더라도 이것이 얼마나 사실적인 말인가 알 수 있을 것이다. 그렇다면 문제는 '텐트메이커들이 세계 복음화에 결정적인 역할을 할 수 있도록 그들의 사역의 효과와 질을 높이기 위해서 어떻게 해야 하겠는가' 라는 것이다.

이란에서 헌신했던 미국인 자매 텐트메이커인 마가렛 미첼은 "텐트메이커들의 당면 문제는 그들이 아무런 후원 조직을 확보하지 못하고 있다는 것입니다. 어떤 선교 기관이나 혹은 다른 선교회의 대리 기관만 연결된다고 하다라도 상황은 아주 달라질 것입니다."라고 말했다. 그러한 후원 기관을 설립할 가능성에 관해 교회선교위원회 협의체(Association of Church Missions Committees)의 존 베네트는 "아마 텐트메이킹 선교를 활성화시킬 어떤 기관을 설립하는 것보다 더 큰 가능성을 가진 아이디어는 없을 것"이라고 말했다. 성경과의료선교사협회(Bible and Medical Missionary Fellowship)와 함께 일하고 있는 앤드류 다이몬드는 "스스로 일하여 경제적으로 자립해 가면서 복음을 전하고자 하는 크리스천의 수가 계속해서 불어나고 있습니다. 텐트메이킹 선교를 위해 어떤 효과적인 기구를 설치할 필요가 있습니다."라고 제안했다.

우리는 이 전략적인 분야에서 일해 온 여러 선교 기관들이 있다는 것에 대해 하나님께 감사드린다. 우리는 바로 이러한 목적에서 기독대학생회가 해외에 나가는 크리스천 대학생들과 대학원생들을 돕기 위해 사무실을 설치하고 룻 시멘즈에게 그 일을 맡기는 것을 보았다. 또한 대학생선교회(Campus Crusade for Christ)는 아가페 프로그램(Agape Program)을 개설하여 해외에 나가서 일하기로 헌신한 크리스천들을 훈련시켜서 일자리에 연결시켜 주고 있다. 그 외에도 Missionary Internship과 협력해서 일하는 웨인 샤바즈는 다국적기업들에 고용되어 해외에 나갈 사람들을 모집해서 훈련하기 위해 크리스천 기관을 설립했다.

여러 다양한 선교회는 텐트메이커들을 그들의 현지 선교 전략에 반영시킬 프로그램을 개발했다. 그러나 세계복음주의협회(World Evangelical Fellowship)의 월드론 스콧이 말하고 있는 것처럼, 텐트메이킹 사역이 '성령께서 일으키실 다음 차례의 위대하고도 창조적인 운동이 되도록' 하려면 더 많은 통합과 조정의 과정이 필요하다. 그는 더 나아가 말하기를 "나는 앞으로 5년 내에 어느 시기에 이르면 하나님께서 해외에 나가 스스로 일하면서 경제적으로 자립한 복음을 전할 평신도들을 전담할 굵직한 선교 기관을 새로 일으키실 것으로 믿는다."고 했다. 그런 기관이 세워진다면, 이미 텐트메이킹 사역을 하고 있는 크리스천 기관들과 선교회, 제 3세계 기관들과 협력해 나갈 것이다.

방글라데시에서 일하는 필립 파샬은 이렇게 논평하고 있다.

"외국선교기관국제협의체(IFMA)와 복음주의 외국선교기관협의체(EFMA)가 함께 후원하는 어떤 기관을 만들어서 평신도들을 모집하고 훈련시켜 해외에 나가서 일하게 한다면 좋을 것입니다. 이 기관은 텐트메이커들을 그들이 가서 일하는 나라의 적절한 선교지와 연결시켜 줄 수 있습니다. 평신도들이 현지의 복음주의 선교사들과 협력하는 것은 중요한 일입니다."

앤드루는 그의 편지에서 텐트메이킹 선교에 관한 이 책을 준비하는 일에 대해서 다음과 같이 말하고 있다. "윌슨 박사님이 하고 계신 일이 중요하다고 생각하는 이유는, 아직까지 철저히 협력된 일이 아무 것도 없었다는 데 있습니다. 분명히 따르게 될 사단의 공격 때문에 국제적인 협력을 시도하는 것이 지혜로운 일일지 어떨지는 잘 모르겠습니다. 제가 할 수 있는 일이 있다면 알려주십시오." 이 편지는 폐쇄된 지역에 성경을 들여보내기 위해 길을 모색하기 위해 아프가니스탄에 들렀을 때 그가 내게 했던 말을 생각나게 해 주었다. 그때 그는 "우리가 복음을 가지고 세상에 나가지 않으면 그 일로 심판을 받게 될 것입니다."라고 엄숙하게 얘기 했었다.

텐트메이커들을 돕기 위해 하나의 종합적인 선교 기관이 세워진다면 어떤 기능을 해야 할 것인가? 그 중 한 가지는 절대적으로 필요한 텐트메이커들을 모집하는 일에 도움을 줄 수 있을 것이다. 또한 관심있는 크리스천들에게 텐트메이커로 일할 기회들을 알려 줄 것이다. 또한 텐트메이커들의 준비와 예비 교육을 감독하고 도와줄 수 있게 된다.

월드비전(World Vision)의 실행 부총재인 테드 엥스트롬 박사는 "지금 월슨 박사님의 말씀은 해외에서 일하는 텐트메이커들을 돕기 위해 계획된 아주 가치 있는 일에 도전을 시작하고 계신 것같이 들리는군요. 초문화 선교를 위해 훈련은 수천 명의 진지한 크리스천들이 아주 효과적으로 주님을 증거할 수 있도록 해 줄 것입니다."라고 말했다. 또한 종합 선교기관이 세워진다면 다른 선교 기관과 신학교, 크리스천 단과대학과 종합대학, 성경학교, 그리고 교회 밖의 크리스천 운동과 함께 협력하여 효과적인 텐트메이킹 사역을 위해 훈련을 실시할 수 있을 것이다. 또 자체 내의 설비에 따른 일자리를 제공하고 텐트메이커들이 해외에서 일자리를 구하는 일에 도움을 주게 된다. 그리고 텐트메이커들을 그들이 가는 곳에서 활동하고 있는 선교회와 연결시켜 주게 된다. 이 기관은 지역 교회를 자극해서 텐트메이커들의 선교 사역에 큰 가능성이 있음을 인식시켜 줄 수 있을 것이다.

인터크리스토의 필립 버틀러는 다음과 같이 말하고 있다.

"주일 아침 예배 시간에 '해외에 나가서 건설회사 직원으로 일하는 우리의 선교사 아무개를 위해 기도합시다' 라는 말을 들어본 적이 있는가? 크리스천이 무역이나 군 관계, 혹은 정부의 관리로서 해외에 나가 근무하면서 선교사로 일할 수 있다는 생각은… 이런 일들은 교회에 아주 불신감을 받아 온 것이 아니라면 크게 무시를 당해 왔다.

크리스천의 봉사에 관한 근시안적인 견해는 전세계적으로 교회 성장에 아주 심각한 장애가 되었다. 그것은 우리 주 예수 그리스도의 지도 아래 그의 지상명령을 효과적으로 수행해 나갈 수 있는 우리의 능력을 제대로 바라보지 못하고 소경이 되게 만들었다. 지역 교회는 이 텐트메이커들을 실제의 선교사로 이해하고 기도와 간구, 그 밖에 그들이 줄 수 있는 선교사의 모든 유익을 이들에게도 나누어 줘야 하다.

텐트메이킹 선교는 엄청난 액수의 선교비를 모금할 필요가 없게 만들어 준다. 현재의 상황은 우리가 추수할 일꾼들을 보낼 또 다른 방법으로 모색할 것을 요구하고 있다."

이 기관은 또한 크리스천 학생들을 격려해서 외국의 대학교에 가서 언어를 배우고 문화를 익히며 동시에 그리스도를 전파하도록 도울 수 있을 것이다. 이 기관은 개발이 필요한 나라와 민족에 대한 연구를 장려해서 텐트메이커들을 통해 그 나라에 필요한 것들을 채워 주도록 조치를 취하게 된다. 그 밖에도 전세계적인 선교 전략을 담은 복음화의 청사진을 보게 할 수도 있을 것이다.

심층전도(Evangelism in Depth) 방법을 제시한 케네스 스트레이천 박사는 "그리스도의 지상명령을 성공적으로 완수하는 일은 모든 크리스천 하나하나를 추수꾼으로 만드는 데 달려 있다. 무슨 운동이든 그 운동이 성공하려면 얼마나 사람들을 동원하느냐에 달려 있기 때문이다."라고 말한다. 전적으로 지원을 받아서 일하는 정규 선교사들과 함께 모든 크리스천 텐트메이커들을 격려해서 복음을 전하도록 도전하는 것은 세계 복음화의 열쇠가 될 것이다.

　이 기관은 정규 선교사들의 활동이 허락되지 않는 지역에서 복음화하는 일을 도울 텐트메이커들을 무장시켜서 보내는 전략을 수립할 수 있다. 월드비전의 에드 데이튼은 "20억의 불신자가 살고 있는, 38개의 나라가 외국 선교사를 받지 않거나, 그들의 나라 안에서 모든 전도사들의 활동을 크게 제약하고 있다."고 보고했다. 이 지역은 정규 선교사들의 활동이 아주 제한되어 있기 때문에 그곳 사람들에게 복음을 전하기 위해서는 다른 방법을 강구해야만 한다.

　이 기관은 전세계에 흩어져 있는 텐트메이커들과 연락을 취하고 그들을 도와줄 수 있을 것이다. 또한 현지의 교포 교회들과 그 나라 교회를 연결시켜 주게 된다. 도널드 맥개브런 박사는 전세계의 필요한 곳에 영어를 사용하는 교회들을 세우는 일을 도와줄 선교회가 필요하다는 제안을 했다.

　이 기관은 텐트메이커들이 언어학을 공부하고 현지에서 필요한 언어를 배울 수 있는 기회를 마련해 줄 수 있다. 특수 지역에 관한 세미나도 열고 텐트메이커들이 효과적으로 전도할 수 있도록 지도해 줄 수도 있다. 또 그들의 전도를 통해서 주님을 영접한 사람들이 계속 신앙을 지키도록 해 줄 방법을 제공하고, 지속적인 선교 전략에 따라 일하도록 인도해 준다. 그리고 현지에서 텐트메이커에게 도움이 될 자료를 출판하고, 긴급한 필요에 관한 통신 업무를 담당할 수 있을 것이다.

　이 기관은 대표들을 보내어 텐트메이커들을 현지에 감독하고 격려하며 가르칠 수 있을 것이다. 또 정부에 관련된 문제들을 해결하고 정부와 관계를 맺는 일을 도울 수 있게 된다. 높은 봉급을 받으며 일하는 텐트메이커들은 재정적인 도움을 필요로 하는 선교사들을 지원하고 협력하는 선교 기관의 비용을 부담할 수 있을 것이다. 또 해외 근무를 마치고 돌아오는 텐트메이커들로부터 보고를 받아 잃어버리게 될지도 모르는 중요한 정보들을 수집해서 사용할 수 있다. 그리고 재교육 프로그램을 통해서 귀국할 때 받는 문화 충격을 완화시켜 줄 수 있을 것이다.

그렇다면 이러한 기관을 어떻게 설립할 수 있을 것인가? 필립 버틀러는 이 일을 위해서는 교파에 속해 있는 관계자들과 초교파적으로 일하는 관계자들을 한 자리에 모아 이 주제를 놓고 의논해야 할 것이라고 제안해 왔다.

World Dominion과 Church Missionary Society of England의 일을 담당했던 케네스 그럽은 "결국 자기 나라를 떠나 다른 나라에 가서 일하는 평신도들의 세계 연합체가 생길 가능성이 있다고 봅니다. 내가 처음부터 일을 다시 시작한다면, 이 사업에 많은 시간을 투자할 것이라고 생각합니다."라고 자신의 의지를 밝히기도 했다.

위대한 선교사요 현대의 텐트메이커였던 윌리엄 캐리는 인도에 가서 현대 선교운동을 시작하기에 앞서 '하나님으로부터 위대한 일을 기대하고 하나님을 위해 위대한 일을 시도하라' 는 제목으로 능력 있는 설교를 했다. 그는 텐트메이커들의 비전에 대해 성경의 예언을 본문으로 메세지를 선포했다.

"네 장막터를 넓히며 네 처소의 휘장을 아끼지 말고 널리 펴되 너의 줄을 길게 하며 너의 말뚝을 견고히 할지어다. 이는 네가 좌우로 퍼지며 네 자손은 열방을 얻으며 황폐한 성읍들로 사람 살 곳이 되게 할 것임이니라" (사 54:2, 3).

"이는 물이 바다를 덮음같이 여호와를 아는 지식이 세상에 충만할 것임이니라"(사 11:9).

이와 같이 될 때, 주님께서 우리에게 "나라이 임하옵시며 뜻이 하늘에서 이룬 것 같이 땅에서도 이루어지이다"(마 6:10)라고 가르쳐 주신 주님의 기도가 응답될 것이다.

참고 서적

Allen, Roland. *The Case for Voluntary Clergy.* London: Eyre & Sotiswade, 1930.

_____. *The Ministry of the spirit.* London: World Dominion Press, 1960.

_____. *Missionary Methods: St Paul's or Ours?* Grand Rapids, MI: Eerdmans, 1962.

Angel, Juvenal L. *American Encyclopedia of International Information.* New York: World Trade Academy Press, 1912. Vols. I-X.

Arnold, T. W. *The Preaching of Islam: A History of the Propagation of the Muslim faith.* London: Constable, 1913.

Ayers, Francis O. *The Ministry of the Laity.* Philadelphia: Westminister Press, 1962.

Beaver, R. Pierce. *The Missionary Between the Times.* Garden City: Doubleday &Co., 1968.

Bentley-Taylor, David. *My love Must Wait, The Story of Henry Martyn.* Downers Grove, IL: Intervarsity Press, 1915.

Bergstedt, Alan W. *Scripture Translation Information Bank* (Status of Bible Translation-Western Hemisphere). Final Advance of Scripture Translation,1740 Westminster Drive, Denton, TX76201, 1972.

Braun, Neil. *Laity Mobilized.* Grand Rapids: Eerdmans, 1971.

Carey, William. *An Enquiry into the Obligations of Christians to Use Means for the Conversion of the Heathens.* Leicester, England: Ann Ireland, 1792. (Reprinted London: Hodder & Stoughton, 1891.)

Chang, Lit-sen. *Strategy of Missions in the orient.* Presbyterian & Reformed Publishing Co., 1970.

Clark, Dennis E. *The Third World & Mission.* Waco: Word Books, 1971.

Clark, Robert. *The Missions of C.M.S. and C.E.Z.M.S. in the Punjab and Sindh.* London: C.M.S., 1904.

Cleveland, Harlan and Mangone, Gerald. *The Art of Overseasmanship.* Syracuse: Syracuse University Press, 1957.

Cleveland; Mangone; Adams. *The Overseas American.* New York: McGraw Hill, 1960.

Collins, Marjorie A. *Manual For Accepted Missionary Candidates.* Pasadena, CA: William Carey Library, 1972.

Cook, Harold R. *Historic Patterns of Church Growth.* Chicago: Moody, 1971.

Covell, R. R. & Wagner, C.P. *An Extension Seminary Primer.* Pasadena: William Carey Library, 1971.

Crosby, Barbara & Smyth, Stuart J. *U.S. Non-Profit Organizations in Development Assistance Abroad.* Technical Assistance Information Clearing House of the American Council of Voluntary Agencies for Foreign Service, Inc., 200 Park Avenue South, New York, NY 10003.

Danker. William. *Profit for the Lord.* Grand Rapids, MI: Eerdmans, 1911.

Davidson, Flora. *Hidden Highway.* Sterling, Scotland: Tract Enterprise, 1944.

Dayton, Edward R.,de. *Mission Handbook: North American Protestant Ministries Overseas,* 11th ed. Monrovia, CA: MARC of World Vision, 1976.

Douglas, J. D., ed. *Let the Earth Hear His Voice.* Minneapolis, MN: World Wide, 1975.

Engel, James F. and Norton, H. Wilbert. *What's Gone Wrong With the Harvest?* Grand Rapids, MI: Zondervan, 1976.

Fife, Eric and Glasser, Arthur. *Missions in Crisis.* Downers Grove IL: InterVarsity Press, 1961.

Glasser, Arthur; Heibert, Paul; Wagner, Peter; Winter, Ralph. *Crucial Dimensions in World Evangelization.* South Pasadena, CA: William Carey Library, 1976.

Goddard, Burton L. *The Encyclopedia of Modern Christian Missions.* Camden, NJ: Thomas Nelson & Sons, 1967.

Grubb, Sir Kenneth. *The Need for Non-Professional Missionaries.* London: World Dominion, January 1931.

Hefley, James & Marti. *Uncle Cam.* Waco, TX: Word, 1974.

Holland, H.B.T. *No Second Spring?* London: C.M.S, 1951

Hyde, Bouglas. *Dedication and Leadership: Learning From the Communists.* Notre Dame, IN: University of Notre Dame Press, 1966.

Johnston, p. J. *Operation World: A Handbook for World Intercession.* Bromley, Kent, England: STL Publications, 1978.

Kane, J. Herbert. *A Global Viww of Christian Missions.* Grand Rapids, MI: Baker, 1971.

_____.*understanding Christian Missions.* Grand Rapids, MI: Bakcr, 1974

_____.*Winds of change in Christian Mission,* Chicago, IL: Moody press, 1973.

Kennedy, James. *Evangelism Explosion.* Wheaton, IL: Tyndale, 1977

Kinnear, Angus I. *Aganist the Tide: The story of Watchman Nee.* Eastbourne. Sussex, England: Victory Press, 1973; U.S. edition, Wheaton, IL: Tyndale House, 1978.

Kinnsler, Ross. *The Extension Movement in Theological Education.* South Pasadena, CA: Willian Carey Library, 1978.

Kraemer, Hendrik. *A Theology of the Laity.* Philadelphia: Westminster Press, 1958.

Krupp, Nate. *A World to Win.* Minneapolis, MN: Bethany Fellowship, 1966.

Lederer, W.J. and Burdick, E. *The Ugly American.* New York: Fawcett, 1963.

Lockerbie, D. Bruce. *Education of Missionaries' Children*: The neglected Dimension of World Mission. Pasadena, CA: William Carey Library, 1975.

Mayer, Jenny de. *Adventures With God.* Toronto, Canada: Evangelical Publishers, 1942.

Merrell, James L. *They Live Their Faith.* St Louis, MO: Bethany Press, 1966.

Mulholland, Kenneth. *Adventures in Training the Ministry.* Nutley, NJ: Presbyterian & Reformed Publishing Company, 1976.

Nash, Margaret. *Christians-World Citizens.* London: Edinburgh House, 1965.

Neill, Stephen. *A History of Christian Missions.* Middlesex, England: Penguin, 1977.

Neill, Stephen; Anderson, Gerald H; Goodwin, John *.Concise Dictionary of the Christian World Mission.* Nashville/New York: Abingdon Press, 1971.

Neill, S. C. *The Laymen in Christian History.* Philadelphia, PA: Westminster Press, 1963 Philadelphia, PA: Westminster Press, 1963.

Nelson, Marlin A. and Chun, Chaeok. *Asian Mission Societies*: New Resources for World Evangelization. Monrovia, CA: World Vision, MARC, 1976.

Newman, Joseph. *People Helping People.* U.S. Volunteers in Action, U.S. News & World Report Books, Washington, DC, 1971.

Pennell, Theodore. *Among the Wild Tribes of the Afghan Frontier.* London: Seeley, 1909.

Perkins, Justin. *Missionary Life in Persia.* Boston, MA: American Tract Society, 1861.

Phelps, Cathy. *The Guide to Moving Overseas.* Box 236, Lament, PA 16551 :privately published, 1918.

Preheim, Marion K. *Overseas Service Manual.* Scottdale, PA: Herald Press, 1969.

Rees, Paul. *Nairobi to Berkley.* Monrovia, CA: World Vision, 1967.

Rosengrant, John. Assignment: *Overseas*. New York, NY: Thomas Y. Crowell, New York, NY: 1960.

Rowe, Jeanne A. *United Nations Workers: Their Jobs, Their Goals, Their Triumphs*. New York: Franklin Watts, 1970.

Sayre, Marcia. *Research for Mission Strategy in Iran*. Upper Barby, BMMF, 1976.

Semands, John T. *Around the World for Christ*. Wilmore, KY: private publication, 1973.

_____. The *Supreme Task of the Church*. Grand Rapids, MI: Eerdmans, 1964.

Soltau, T. Stanley. *Missions at the Crossroads*. Wheaton IL: Van Kampen, 1954.

Stewart, John. *The Nestorian Missionary Enterprise: A Church on Fire Edinburgh*, Scotland: Clarke, 1920.

Stott, John R. W. *Our Guilty silence*. Downers Grove, IL: Inter Varsity Press, 1970

Strachan, R. Kenneth. *Evangelism In Depth*. Chicago: Moody Press, 1967.

_____.*The Inescapable Calling*. Grand Rapids, MI: Eerdmans, 1968.

Taylor, Mrs. Howard. *Behind the Ranges, Fraser of Lisuland*. London: Lutterworth, 1944.

Thiessen, John. *A Survey of World Missions*. Downers Grove, IL: Inter varsity Press, 1956.

Tippett, A. R. *Bibliography For Cross-cultural Workers*. Pasadena, CA: William Carey Library, 1971.

Turner, Mrs.Solveig M. *International Encyclopedia of Higher Education*. Boston: Northeastern University, 1977.

Voelkel, Jack W. *Student Evangelism in a World of Revolution*. Grand Rapids: Zondervan, 1974.

Warren, Max A. C. *Missions Under the Cross*. London: Edinburgh House, 1953

Winfield, Louise. *Living Overseas*. Washington, DC: Public Affairs Press, 1962.

Wilson, J. Christy Jr. *One Hundred Afghan Persian Proverbs*. Kabul, Afehanistan: published privately, 1956.

Winter, Ralph. *Theological Education By Extension*. Pasadena, CA: William Carey, 1969.

Winter, Roberta H. *Once More Around Jericho*. Pasadena, CA: William Carey Library, 1978

"이 땅에 푸르고 푸른 그리스도의 계절이 오게 하자!"
순(筍)출판사는 주님의 지상명령 성취와 한국 교회를 섬기기 위한 C.C.C.(한국대학생선교회)의 문서사역을 감당하고 있습니다.

텐트메이커

© 순출판사 1985

1985년	8월 30일 초판 발행
1993년	7월 20일 4쇄 발행
2002년	9월 23일 2판 2쇄 발행
2003년	6월 16일 개정 1쇄 발행

엮은이 : 한국대학생선교회
펴낸이 : 전효심
펴낸곳 : 순(筍)출판사

주소 : 서울시 종로구 부암동 46-1
전화 : 02)394-6934~6, 팩스 : 02)394-6937

인터넷 : http://www.kccc.org
등록 : ® 제 1-2464호
등록년월일 : 1999.3.15

값 7,500원

※잘못 만들어진 책은 바꿔 드립니다.
본서의 판권은 순출판사에 있습니다. 저작권 법에 의해 보호를 받는 저작물이므로 무단 전재 및 복제를 금지합니다.
ISBN 89-389-0056-8